F. DAGALLIER

AVOCAT

LE COUP D'ÉTAT

DANS LE

DÉPARTEMENT DE L'AIN

(Extrait des ANNALES de la Société d'Emulation de l'Ain)

BOURG

IMPRIMERIE AUTHIER ET BARBIER

1880

LE COUP D'ÉTAT

DANS

LE DÉPARTEMENT DE L'AIN

F. DAGALLIER

AVOCAT

LE COUP D'ÉTAT

DANS LE

DÉPARTEMENT DE L'AIN

(Extrait des ANNALES de la Société d'Émulation de l'Ain)

BOURG

IMPRIMERIE AUTHIER ET BARBIER

1880

LE COUP D'ÉTAT

DANS

LE DÉPARTEMENT DE L'AIN

AVANT-PROPOS.

L'histoire complète et définitive du Coup d'Etat du 2 décembre 1851 est encore à faire : au lendemain de l'attentat parurent les apologies éhontées (1), intéressantes à consulter, car elles contiennent sur les événements qui ont marqué la chute de la constitution républicaine et l'établissement du régime dictatorial des aveux précieux : en célébrant comme des exploits les actes les plus odieux des conspirateurs de l'Elysée, les panégyristes du Coup d'Etat font connaître des faits qui suffisent pour le juger. A ces impudentes glorifications du crime victorieux répondirent

---

(1) MAYER : *Histoire du Deux Décembre;* — BELOUINO : *Histoire d'un Coup d'Etat*, 1852; — GRANIER DE CASSAGNAC : *Récit populaire des événements de Décembre* 1851, 1852, 2 vol.; — VÉRON : *Mémoires d'un Bourgeois de Paris*, 1854, 6 vol. — MAUDUIT : *Révolution militaire du Deux Décembre*.

les éloquentes protestations des proscrits (1); le plus illustre d'entre eux, Victor Hugo, dans deux virulents pamphlets qui sont des monuments littéraires (2), infligea à cette révolution militaire une flétrissure que l'histoire consacrera. Mais tous ces ouvrages, favorables ou hostiles, sont incomplets et insuffisamment informés, surtout en ce qui concerne la province.

En 1864, parut le livre d'Eugène Ténot: *La Province en décembre 1851*. Ce fut une révélation. Les Français ne connaissaient guère alors, des événements de cette triste époque, que ce qu'il avait plu au gouvernement du Prince-Président d'en laisser publier par une presse soumise au régime du bon plaisir administratif. A s'en tenir aux récits des journaux officiels ou officieux (les seuls qui fussent tolérés), les mouvements qui se produisirent alors dans les départements pour la défense de la constitution républicaine, auraient présenté le caractère d'une épouvantable jacquerie. Le livre de Ténot apprit à la France deux choses dont elle a le droit d'être fière, à savoir: 1° que la résistance au Coup d'Etat avait été plus générale et plus sérieuse qu'on ne l'avait cru d'abord; et 2° que si de déplorables excès, accompagnement presque inséparable des troubles civils, avaient souillé, sur quelques points du territoire, la cause des défenseurs du droit et de la loi,

---

(1) Schœlcher: *Les Crimes du Deux Décembre*, Londres, 1852, 2 vol. — X. Durrieu: *Le Coup d'Etat de Louis Bonaparte*, Londres 1852; — Voir aussi sir A.-W. Kinglake, membre de la Chambre des Communes: *Histoire du Deux Décembre*, excellent et impartial résumé publié en 1864, traduit par Karcher en 1863, et imprimé à la suite des pamphlets de Rogeard.

(2) *Napoléon-le-Petit*, Bruxelles, 1852, et *Les Châtiments*, id., 1853. *L'Histoire d'un crime*, publiée après le 16 mai 1877, complète l'immortelle trilogie.

ces faits du moins étaient exceptionnels ; que presque partout la lutte avait été loyale et s'était renfermée dans les limites des nécessités du combat. Les scènes de meurtres, de viols, de pillages dont les feuilles du Coup d'Etat faisaient chaque jour le terrifiant tableau, n'apparurent plus que comme une fantasmagorie destinée à effrayer les populations pour les jeter dans les bras d'un sauveur.

L'ouvrage de Ténot, assez complet en ce qui regarde certaines régions, ne consacre à notre département que deux pages à peu près exclusivement remplies du récit de l'affaire d'Anglefort.

Le présent travail n'a qu'une ambition : combler une lacune de notre histoire départementale contemporaine en exposant, d'après les journaux de l'époque (1), contrôlés, rectifiés et complétés par les documents officiels et les souvenirs des contemporains, ce que fut dans l'Ain la résistance au coup d'Etat et comment elle fut réprimée.

I.

COUP D'ŒIL RÉTROSPECTIF. — LA RÉACTION.

Un rapide coup d'œil rétrospectif sur les événements qui marquèrent chez nous les quatre années du gouvernement républicain, ne paraîtra peut-être pas déplacé ici et facilitera l'intelligence des faits qui sont l'objet de cette étude.

La Révolution du 24 février 1848 fut accueillie dans l'Ain avec surprise et sans enthousiasme : elle renversait à

---

(1) Principalement le *Courrier de l'Ain*, dont la précieuse collection est à la Bibliothèque de la ville de Bourg.

l'improviste un régime qui avait procuré à la France 18 années de paix et de liberté relative et qui, s'il eût été plus libéralement continué, eût pu acclimater dans notre pays le gouvernement parlementaire ; mais la résistance obstinée du vieux roi et du ministre Guizot, (ce mauvais génie de la monarchie de juillet), aux plus légitimes revendications de l'opinion publique, aux réformes les plus nécessaires, eut pour résultat la « catastrophe » de février. La veille, on refusait l'adjonction de quelques milliers de professeurs, avocats, notaires, médecins aux 240,000 électeurs censitaires ; le lendemain, on eut le suffrage universel et 10 millions d'électeurs. O sagesse des doctrinaires !....

La période qui correspond au gouvernement provisoire (24 février-4 mai 1848), fut marquée chez nous par de curieux incidents que M. Etienne Milliet, dans son intéressante *Notice sur l'établissement de la République dans le département de l'Ain* fait suffisamment connaître.

Ici nous nous bornerons à rappeler succinctement : le sac du couvent du Bon-Pasteur et la délivrance d'une recluse involontaire ; une tentative avortée en faveur du drapeau rouge ; la formation spontanée des Commissions départementale et municipale ; l'arrivée du Commissaire du Gouvernement provisoire, M. Guigue de Champvans, ex-collaborateur de Lamartine au *Bien public* de Mâcon, ambitieux ne manquant ni de rhétorique ni de savoir-faire, légitimiste de la veille, républicain du jour pour les besoins d'une élection à la Constituante ; l'adjonction au Commissaire devenu suspect de deux autres Commissaires, MM. Albert Hugon et Roselli-Mollet ; l'insurrection de la ville de Bourg contre ces deux personnages et l'expulsion violente de M. Roselli-Mollet, à qui on ne pouvait reprocher que d'être associé à un collègue impopulaire ; l'ambassade de MM. Ch. Bernard, Chicod et Lachard auprès du Gouvernement provisoire pour obtenir le renvoi des deux Commissaires-adjoints, leur entrevue avec Ledru-Rollin et Lamartine ; la nomination de M. Anselme Petetin comme Commissaire général pour les départements de l'Ain et du Jura ; la lutte acharnée des deux Commissaires, M. Guigue de Champvans, l'homme de Lamartine, appuyé par les conservateurs, le Conseil municipal et la Garde-nationale de Bourg, et M. Anselme Petetin, l'homme de Ledru-Rollin, fort de l'autorité dont l'avait investi le Gouvernement provisoire et des sympathies des républicains de la veille ; enfin cet épisode singulier du transfert de la préfecture à Nantua pendant plus de deux mois ; et le règne du triumvirat Simonnet, Cochonat et Saury, contraint, par l'hostilité trop manifeste de la ville de Bourg, de chercher un refuge en plein Bugey, dans une cité plus hospitalière et moins remuante dans son ardeur conservatrice...

Les élections à la Constituante, qui mirent fin à cette période transitoire, eurent lieu le 23 avril 1848 ; la députation de l'Ain était composée, en nombre à peu près égal, de républicains de la veille et de libéraux plus ou moins sincèrement ralliés qui s'intitulaient « républicains honnêtes et modérés » ; c'était l'expression consacrée.

Parmi les premiers étaient : l'avocat Bochard, arrivé en tête de la liste avec plus de 72,000 voix, républicain intègre et énergique, jouissant d'une immense popularité, vétéran de la Révolution à qui le privilège de l'âge valut un jour l'honneur de présider la Constituante ; le sculpteur ornemaniste Regembal, ouvrier honnête, plein de bon sens, de modération et d'esprit pratique ; Edgar Quinet, alors professeur au Collège de France et colonel d'un des régiments de la Garde nationale de Paris, le plus grand écrivain qu'ait produit notre département ; Francisque Bouvet, fondateur et rédacteur du *Réveil de l'Ain*, publiciste de mérite, chez qui le caractère n'égalait pas le talent (1).

A ce groupe se rattachait encore l'avocat Charrassin, maire de Bourg, républicain sincère dont le seul tort avait été de se laisser circonvenir par la coterie Champvans.

Parmi les seconds figuraient : l'avocat Aristide Tendret, maire de Belley, libéral éclairé, mais timide ; M. Bodin (de Montribloud), gendre de Robert Lindet (2) ; l'ex-commissaire Guigue de Champvans, déjà cité ; enfin, le docteur Jacques Maissiat, de Nantua, médecin et archéologue, futur auteur de *Jules César en Gaule*, qui représentait plus particulièrement les tendances conservatrices.

E. Quinet, Francisque Bouvet et M. Guigue de Champvans jouèrent seuls à la Constituante un rôle actif ou brillant.

Cette assemblée qui, avec les intentions les plus droites, commit tant et de si lourdes fautes, nous dota d'une Constitution frappée de deux vices radicaux : l'élection du Président de la République remise au suffrage universel direct (3) et l'institution de deux pouvoirs égaux et rivaux, issus de la même origine, entre lesquels l'antagonisme était à la fois inévitable et sans issue, l'Assemblée ne pouvant révoquer le Président, ni le Président dissoudre l'Assemblée ;

---

(1) F. Bouvet a accepté de l'Empire un poste de consul à Mossoul.

(2) M. Bodin a accepté de l'Empire la candidature officielle et a représenté de 1852 à 1869 la 3e circonscription de l'Ain.

(3) La majorité de la Constituante resta sourde aux prophétiques avertissements de M. Grévy. Parmi les représentants de l'Ain, trois seulement votèrent les amendements Grévy et Leblond, conférant à l'Assemblée la nomination du Chef du pouvoir exécutif ; ce furent E. Quinet, Bochard et Regembal.

conception illogique s'il en fût, qui, en cas de conflit, ne pouvait aboutir qu'à un coup d'Etat de l'Assemblée contre le Président, ou du Président contre l'Assemblée...

Le 10 décembre 1848, eut lieu l'élection présidentielle ; elle donna dans l'Ain les résultats suivants :

Louis-Napoléon Bonaparte............. 72,110 voix.
Général Cavaignac.................. 8,785
Ledru-Rollin...................... 1,251
Lamartine........................ 194
Raspail.......................... 191

Le prince Louis-Napoléon avait à lui seul sept fois autant de voix que tous les autres candidats réunis.

En nommant le neveu de l'Empereur, l'ancien *carbonaro* qui avait fait la guerre au Pape, l'auteur des *Idées Napoléoniennes*, les paysans et ouvriers de l'Ain n'entendaient pas renverser la République, car après comme avant le 10 décembre, ils donnèrent leurs voix aux candidats républicains. Ils voyaient dans le prince Louis-Napoléon un représentant de la Révolution et de la démocratie ; ils ignoraient qu'à une République naissante il ne faut pas pour président un prince de famille souveraine. Le nom de l'Empereur était alors prestigieux ; on oubliait ce que le premier empire avait coûté à la France de sang et de larmes pour ne lui donner en retour qu'une gloire éphémère et laisser en tombant le territoire deux fois envahi et les frontières de la Révolution perdues ; on ne songeait pas que le génie n'est pas héréditaire, et qu'au surplus, dans un ménage aussi troublé que celui du roi Louis et de la reine Hortense, cette transmission du génie par voie collatérale était plus problématique encore.

La Constituante avait commis la faute de valider l'élection, comme député, de Louis-Napoléon, doublement inéligible, comme banni par une loi non rapportée et comme ayant perdu la qualité de Français en prenant du service militaire à l'étranger (art. 21 du Code civil). Elle commit une nouvelle faute, conséquence presque inévitable de la première, en validant son élection comme Président de la République, malgré le texte formel de la Constitution qui exigeait (art. 44) que le Président fût né Français et n'eût jamais perdu la qualité de Français.

Toutes ces fautes de la Nation et de l'Assemblée devaient se payer et se payer cher.

L'élection du 10 décembre marque le déclin du Gouvernement républicain déjà ébranlé par les odieuses, absurdes et funestes journées de juin 1848 ; de ce moment, date une période de réaction qui trois ans plus tard devait aboutir à son terme naturel, la dictature....

La Constituante, prématurément dissoute, fit place à la Législative, qui valut moins qu'elle : les élections générales du 13 mai 1849 furent en effet déplorables ; elles envoyèrent à la Législative une majorité monarchique et cléricale de 450 à 500 voix, animée de l'esprit du Comité de la rue de Poitiers, profondément hostile à la République et à la démocratie ; et une minorité de 200 à 250 républicains appartenant pour la plupart au groupe avancé qu'on appelait la *Montagne*; plus quelques *Socialistes*. Les républicains modérés ne formaient qu'un petit groupe impuissant : ni Lamartine, ni Dupont (de l'Eure), ni Garnier Pagès, ni Armand Marrast, ni Flocon, ni Marie, ni Bastide, ni J. Favre, ni Sénard n'avaient trouvé grâce devant les électeurs : la République répudiait là ses serviteurs les plus éclairés, les plus sincères, les plus illustres.

Dans l'Ain, la liste dite *rouge*, arrêtée par le *Comité de la République démocratique et sociale* siégeant à Pont-d'Ain sous la présidence du citoyen Chadal (1), passa tout entière moins un nom (celui de Ledru-Rollin). En tête, arrivaient les ex-constituants Francisque Bouvet, Bochard et Edgar Quinet, puis quatre nouveaux venus de l'opinion républicaine la plus avancée : Roselli-Mollet, avocat à Belley, le commissaire expulsé de Bourg par une émeute conservatrice ; le docteur Alphonse Baudin, de Nantua, dont le nom allait être appelé à un si glorieux retentissement ; le docteur Aristide Bouvet, d'Ambérieu (cousin de Francisque), et le docteur Gastier (2), de Thoissey, inscrit sur la liste par l'influence du *Comité des amis de la Constitution* (3) (républicains modérés).

La liste issue de la coalition du *Comité départemental* (4) (orléaniste) et du *Comité constitutionnel Napoléonien* (5) ne put faire arriver qu'un seul nom : celui de l'ex-constituant Maissiat.

Charrassin, porté sur la liste conservatrice, était battu

---

(1) Ancien élève de l'Ecole Polytechnique, expulsé de l'Ecole pour avoir pris part à la manifestation républicaine des funérailles du général Lamarque, docteur en médecine, licencié en droit, Chadal était considéré à Bourg comme le chef de ceux qu'on appelait les *Rouges*. Condamné avant le 2 décembre pour organisation de société secrète, il fut détenu à Belle-Isle, puis transporté en Afrique. Rentré en France peu d'années après, il fut secrétaire général de la préfecture de l'Ain au 4 septembre 1870 et mourut oublié il y a quelques années.

(2) Le docteur Gastier, plus que sexagénaire, fut en pleine assemblée victime d'une agression brutale de la part du représentant Pierre Bonaparte (le futur meurtrier de Victor Noir). Déféré pour ce fait au tribunal correctionnel, Pierre Bonaparte en fut quitte pour une simple amende.

(3) Présidé par l'architecte Débelay.

(4) Présidé par Chevrier-Corcelles, président honoraire du tribunal de Bourg, ex-député libéral sous la Restauration, l'un des 221.

(5) Présidé par le général Picquet.

aussi bien que MM. Bodin et Guigue de Champvans. (1) Regembal et Tendret (2) ne s'étaient pas représentés.

L'enceinte de la Législative allait être le champ clos de la lutte des partis extrêmes, au grand profit du Prince-président....

La tentative avortée du 13 juin 1849, par laquelle Ledru-Rollin essaya de renverser à la fois le Président et la majorité de l'Assemblée, associés pour l'égorgement de la République romaine, eut son contre-coup à Lyon : le 15, on se battit à la Croix-Rousse avec acharnement.

Le même jour, l'état de siège était décrété dans toute l'étendue de la 6ᵉ division militaire, dont le département de l'Ain faisait partie. (3) Il devait durer trois ans et devenir, pour les pays *rouges*, le régime normal d'administration. En même temps, deux bataillons d'infanterie étaient cantonnés dans les villages du littoral de la Saône, entre Pont-de-Vaux et Pont-de-Veyle, et rayonnaient de là sur la Bresse et la Dombes.

A partir du 13 juin, la réaction ne connut plus de mesure : le Président et l'Assemblée, unis sur le terrain commun de la contre-révolution, menèrent ensemble cette campagne contre les républicains qu'on a justement appe-

---

(1) M. Guigue de Champvans reparut sur la scène politique aux élections de 1869 comme candidat de l'opposition cléricale à Bourg, contre M. Le Hon, candidat officiel, et M. Puthod, candidat de l'opposition démocratique. Il obtint un nombre de voix insignifiant. Préfet après le 24 mai 1873 et le 16 mai 1877, candidat malheureux aux élections du 14 octobre 1877 dans l'arrondissement de Saint-Claude, il paraît rentré définitivement dans la vie privée.

(2) Tendret fut élu député de l'Ain au 8 février 1871. Il mourut peu de temps après.

(3) Avec les départements du Rhône, de la Loire, de l'Isère et de la Drôme, tous montagnards. L'état de siège de la 6ᵉ division fut successivement commandé par les généraux Gemeau et Castellane.

lée « l'expédition de Rome à l'intérieur », et dont les lois contre le suffrage universel (1), l'enseignement universitaire, la presse et le droit de réunion étaient une partie essentielle. Ce fut le règne du *spectre rouge* et du *péril social* ; on exploita les pusillanimités des populations ; on vit, spectacle lamentable, les chefs de cette bourgeoisie libérale qui avait fait 1830, les Thiers, les Dufaure, les Odilon-Barrot se faire les champions de la politique de l'Elysée, avant d'en être les dupes et les victimes. Cette classe moyenne éclairée, momentanément infidèle à ses traditions par peur du socialisme, était représentée dans l'Ain par la majorité du Conseil général et avait pour organe autorisé le *Courrier de l'Ain*. Les deux seuls journaux que Bourg possédait alors(2), le *Journal de l'Ain* et le *Courrier de l'Ain*, ennemis pendant dix-huit ans, subitement réconciliés au lendemain de février, poussaient à la réaction : l'un légitimiste avec plus d'ardeur, l'autre orléaniste avec plus d'habileté ; ni l'un ni l'autre n'ayant de goût pour le résultat qu'ils préparaient sans le voir, si visible qu'il fût déjà pour bien des gens.

L'état de siège fut successivement commandé dans l'Ain par le colonel Mermet, du 9e d'infanterie légère, puis par le colonel Lafont de Villiers, du 48e de ligne, et enfin par le colonel Jacquemont du Donjon, du 39e de ligne. Le second surtout, se signala par son ardeur réactionnaire ; son proconsulat a laissé dans les populations un souvenir plus vivant que la réaction de décembre. Interdiction

---

(1) La loi du 31 mai 1850 supprimait 3 millions d'électeurs.
(2) Après la révolution de février, deux journaux républicains avaient été créés dans l'Ain : *L'Echo de la République* par M. Arène, à Nantua, organe du triumvirat, et *La Mouche* par le Dr Ordinaire, à Saint-Laurent-lès-Mâcon. Ils n'eurent qu'une existence éphémère.

absolue des réunions publiques et du colportage des livres, brochures et journaux ; fermeture des cafés, auberges et cabarets ; dissolution et désarmement des gardes nationales ; colonnes mobiles parcourant les campagnes, dragons et chasseurs de Vincennes pénétrant dans les fermes, perquisitions, arrestations, tel fut le régime auquel l'état de siège soumit notre département, qui cependant n'avait pris aucune part au 13 juin (1).

Ainsi harcelés et persécutés, les Républicains se virent réduits à recourir aux réunions clandestines et aux sociétés secrètes ; c'est en vain que d'innombrables poursuites s'efforcèrent d'enrayer ce mouvement ; la persécution effraya les timides mais surexcita les ardents et ne contribua pas peu à donner aux haines politiques de cette lamentable époque un caractère particulier d'amertume et d'âpreté.

Ce régime dura, sans discontinuer, jusqu'au Coup d'Etat. En mai 1851, il y eut à Bourg douze arrestations de citoyens soupçonnés de faire partie des sociétés secrètes. A l'époque où il déportait à Nouka-Hiva, l'ex-constituant Gent, l'organisateur des sociétés républicaines dans l'Est et le Sud-Est, le Conseil de guerre de Lyon condamnait à deux années d'emprisonnement trois hommes considérés à Bourg comme les chefs du parti de la république démocratique et sociale : l'avoué Chadal, le tailleur Prevel et le légiste Lescuyer.

Le parti républicain, sans se laisser abattre, continuait sa propagande et se préparait activement aux élections présidentielle et législative qui devaient avoir lieu presque simultanément au mois de mai 1852.

---

(1) V. la brochure d'E. Quinet : *L'Etat de siège*, 1849.

Aux termes de la Constitution, que l'Assemblée avait refusé de réviser, le Président n'était pas rééligible. Louis-Napoléon descendrait-il loyalement du pouvoir le second dimanche de mai 1852 ainsi qu'il l'avait solennellement juré? C'était plus que douteux: un prince ambitieux, criblé de dettes, entouré d'aventuriers politiques prêts à tous les coups de main, ne pouvait consentir à redevenir comme Cavaignac simple citoyen d'un pays libre. Brumaire devait engendrer Décembre.

Chacun sentait le Coup d'Etat prochain. La majorité de l'Assemblée méditait une restauration monarchique et voyait dans le général Changarnier le Monck de la dynastie des Bourbons. Des réactionnaires militants, les uns attendaient Changarnier, les autres Bonaparte ; on se demandait qui des deux mettrait l'autre à Vincennes. Seul, le parti républicain attendait tout du fonctionnement régulier de la Constitution et du libre jeu du suffrage universel, tout mutilé qu'il fût ; mais, tout en se confiant à la légalité, il n'était ni assez aveugle pour ne pas prévoir le Coup d'Etat, ni assez abattu pour ne pas se préparer à résister à la force par la force.

II.

LE COUP D'ÉTAT. — LA RÉSISTANCE PACIFIQUE. —
A. DE LA TOURNELLE.

Dans la nuit du 2 décembre le Coup fut frappé : seize représentants étaient arrêtés dans leur lit, et le peuple de Paris lisait sur les murs de la capitale un Décret portant dissolution de l'Assemblée nationale, rétablissement du suffrage universel par l'abrogation de la loi du 31 mai, et convocation du Peuple français dans ses comices pour confier au Prince-Président la rédaction d'une Constitution sur les bases indiquées dans une Proclamation au peuple, qui fut affichée en même temps qu'une Proclamation à l'armée.

Le 3 décembre, au matin, une estafette apporta à Bourg le Décret et les deux Proclamations : on apprenait au même moment l'arrestation des représentants et la composition du nouveau ministère (de Morny, Leroy dit Saint-Arnaud, Fould, Rouher, Magne, Fortoul, de Maupas, etc.)

Les autorités, à Bourg, étaient prises à l'improviste, car on parlait depuis si longtemps de Coup d'Etat que les sceptiques avaient fini par ne plus y croire ; d'autre part le succès de l'entreprise était douteux ; elles ne savaient quelle contenance garder.

Elles firent afficher la proclamation suivante, qui n'était pas de nature à les compromettre :

« Citoyens habitants du département de l'Ain,

» De grands événements s'accomplissent ; quelle que
» soit l'opinion de chacun de vous, songez que le main-
» tien de l'ordre seul peut sauver la liberté.

» Nous comptons sur votre patriotisme.

» Bourg, le 3 décembre 1851.

» Le Préfet, CHANAL. — Le Colonel commandant
» l'état de siége dans le département de l'Ain,
» JACQUEMONT DU DONJON. — Le Président du
» tribunal de Bourg, FAVRE-GILLY. — Le Maire,
» CH. BERNARD. — Le Procureur de la Répu-
» blique, JUSTIN BÉRET. — Le Capitaine comman-
» dant la gendarmerie, CHABRIER. »

Ce n'était ni une adhésion, ni une protestation. On peut en dire autant de l'entrefilet laconique par lequel le *Courrier de l'Ain* appréciait les événements qui venaient de s'accomplir :

« Une nouvelle révolution gouvernementale a éclaté. Où nous conduira-t-elle ? Dieu seul le sait. Nous n'avons en ce moment qu'un rôle d'historien à remplir. »

Les recommandations des fonctionnaires étaient assurément pleines de sagesse et de prudence, mais elles n'avaient rien d'héroïque et ne témoignaient pas d'un bien profond dévouement à la Constitution, dont l'art. 68 disposait :

« Toute mesure par laquelle le Président de la République *dissout l'Assemblée nationale*, la proroge ou met obstacle à l'exercice de son mandat est un *crime de haute trahison*. Par ce seul fait, le Président est *déchu de ses fonctions ; les citoyens sont tenus de lui refuser obéissance* ; le pouvoir exécutif passe de plein droit à l'Assemblée nationale... »

Il était, au reste, douteux que la soumission au Coup d'Etat fût le meilleur moyen de « *sauver la liberté* ».

Ces deux manifestations répondaient cependant, il faut le reconnaître, au sentiment de la majorité de la population. Le 3 décembre était un mercredi, jour de foire à Bourg : les événements de Paris y furent vivement commentés ; mais les paysans qui avaient voté pour Louis-Napoléon ne se souciaient guère du régime parlementaire ; ceux qui avaient voté pour les députés montagnards (et c'étaient les mêmes), ne portaient à la majorité royaliste et cléricale de l'Assemblée législative qu'un médiocre intérêt ; ils voyaient moins dans le 2 décembre la chute de la République que l'écrasement du parti de l'ancien régime et le rétablissement du suffrage universel ; l'acte du Prince-Président semblait généralement approuvé.

Il y avait cependant à Bourg des citoyens dévoués à la République ; ils avaient des réunions fréquentes dans une maison de la rue Bourgmayer où ils avaient fait quelques approvisionnements d'armes et de munitions, en prévision du Coup d'Etat ; le plan consistait à arrêter dans leurs domiciles les officiers de la garnison, à s'assurer de leurs personnes sans exercer de violences, puis à entraîner les troupes dans la résistance et à marcher sur Lyon ; le rendez-vous fut pris pour le soir au *Pré des Piles* ; mais le parti avait perdu ses chefs : deux citoyens seulement, le Dr Tiersot, aujourd'hui député de l'Ain, et M. Verne, aujourd'hui membre du Conseil municipal de Bourg, s'y rendirent avec des armes cachées sous leurs vêtements ; en présence de cet isolement ils rentrèrent chez eux désespérés. Ce n'est pas du chef-lieu que vint l'exemple.

Le Coup d'Etat rencontra dans l'Ain deux sortes de résistance : l'une légale et pacifique, procédant par protestations, qui ne se soutint pas longtemps et qu'on négligea de réprimer ; l'autre (non moins légale) à main armée et pour laquelle la répression fut impitoyable.

C'est à M. de la Tournelle, ancien député, ancien premier président de la Cour de Dijon, démissionnaire après la révolution de février et chef de la majorité orléaniste du Conseil général, que revient l'honneur d'avoir donné chez nous, le signal de cette opposition légale dont les départements de la Gironde et de la Somme offrirent seuls avec le nôtre le mémorable exemple.

Aux premières nouvelles arrivées de Paris, M. de la Tournelle quitte son château de Coligny, accourt à Bourg et fait insérer au *Courrier de l'Ain* du 4 décembre, une proclamation à ses collègues du Conseil général, dont il importe pour plusieurs raisons de reproduire les termes. Peu d'hommes comptent dans leur vie de pareils actes de courage civique.

« Monsieur le Rédacteur,

» Permettez-moi d'emprunter la voix de votre journal pour faire publiquement un acte politique commandé par ma conscience.

» Dans la situation solennelle où le pays est placé, tout citoyen a des devoirs à accomplir ; mais les devoirs des hommes publics sont plus étroitement obligatoires, plus actifs et plus étendus que les autres.

» A ce titre, les membres des Conseils généraux ont des devoirs proportionnés à la confiance dont ils ont été honorés par l'élection populaire. Ils sont aujourd'hui, en dehors de la commune, les seuls élus dont le mandat soit intact. Il leur appartient certainement, à mon sens, il leur est commandé de s'entendre et d'aviser sur la conduite à tenir dans l'intérêt du pays. S'ils ne peuvent pas se réunir en session officielle, quand ils ne sont pas convoqués par le pouvoir exécutif, ils ont toujours le droit de se rapprocher et de se concerter comme des hommes libres que leur caractère signale et que la confiance publique oblige.

» C'était l'avis du Conseil général de l'Ain en 1849, lorsqu'il fut consulté sur la loi départementale, que les conseils généraux pussent se réunir spontanément dans un cas extrême.

» Le cas extrême me semble arrivé et l'obligation d'honneur avec lui.

» Les membres des Conseils d'arrondissement se réuniraient utilement aux chefs-lieux d'arrondissement et les membres du Conseil général au chef-lieu du département,

2

pour rassurer et guider des populations troublées que l'isolement laisserait incertaines.

» C'est pourquoi je fais appel à mes collègues en priant tous ceux qui ne sont pas empêchés de se rendre à Bourg le plus promptement possible. Les premiers arrivés attendront les autres.

» En prenant cette initiative au premier moment, parce qu'il faut que quelqu'un la prenne et que le temps presse, je crois répondre au sentiment du grand nombre comme au besoin d'une situation dans laquelle l'urgence est égale à la gravité, et je n'hésite pas, parce que je suis assuré que je fais acte de bon citoyen.

« Bourg, le 4 décembre 1851.

« A. DE LA TOURNELLE,
« *Membre du Conseil général de l'Ain.* »

La publication dans le *Courrier de l'Ain* de cette proclamation est un acte de courage dont il faut savoir gré à son directeur ; il faillit coûter cher au journal de M. Dufour ; le régime nouveau n'était pas d'humeur à supporter dans la presse une opposition, quelque prudente et modérée qu'elle fût : le *Courrier* ne dut son salut qu'à l'intervention de puissants personnages, amis personnels de son propriétaire-rédacteur (1).

En même temps que M. de la Tournelle prenait cette courageuse initiative, un acte remarquable d'opposition au Coup d'Etat se produisait, là où on ne l'aurait guère attendu : à la Préfecture. Le Préfet de l'Ain, M. Chanal, un des rares républicains laissés en fonctions par le gouvernement du Prince-Président, avait dès la veille (3 dé-

---

(1) MM. Gilardin, alors premier président de la Cour de Lyon, et Delangle, alors procureur général à la Cour de cassation,

cembre) convoqué lui-même, *proprio motu*, par lettres personnelles, les membres du Conseil général pour aviser aux mesures à prendre dans ces graves conjonctures ; il avait en même temps adressé sa démission à l'Elysée et remis au secrétaire général, M. Ferrand, la direction des services départementaux (1).

La plupart des Conseillers généraux répondirent à cette double convocation et arrivèrent à Bourg ; mais ordre fut donné de les arrêter s'ils tentaient de se réunir. Cette menace, jointe à la tournure que prenaient les événements de Paris, les décidèrent à regagner sans plus tarder leurs domiciles respectifs.

Ainsi avorta ce mouvement si bien engagé d'abord ; conduit avec plus de persistance et d'énergie, il eût donné à la résistance au Coup d'Etat un caractère d'autant plus redoutable qu'il était plus constitutionnel. Mais il eût fallu pour cela s'appuyer sur la masse démocratique et joindre à la force légale la force matérielle. Or, c'est ce que ne voulait à aucun prix la majorité orléaniste du Conseil général ; fidèle image, en cela, de la majorité de l'Assemblée législative, elle était plus hostile encore à la Montagne qu'au Prince-Président.

---

(1) M. Chanal, qui avant d'entrer dans l'administration avait été officier d'artillerie, reprit du service et devint général. Il représente aujourd'hui à la Chambre le département de la Corrèze. A l'exemple de plusieurs personnes nommées dans ce travail, M de Chanal qui, conformément au décret du Gouvernement provisoire abolitif des titres de noblesse, avait supprimé la particule, la reprit après le décret du Prince-Président qui les rétablit.

III.

LA RÉSISTANCE ARMÉE. — SOULÈVEMENTS A BAGÉ ET A VILLARS. — AFFAIRE D'ANGLEFORT.

A côté de la résistance pacifique, se bornant à des protestations éloquentes sans doute, mais platoniques, on vit s'organiser dans plusieurs départements la résistance armée. La première rappelle, par quelques côtés, la réunion des députés à la mairie du Xe arrondissement de Paris, si tôt dispersée par l'intervention d'un bataillon de chasseurs, et l'arrêt de la Haute Cour de Justice contre Louis-Napoléon. La seconde correspond aux courageux efforts déployés par le Comité de la Montagne pour combattre, dans Paris même, le coup de force du Président. Parmi les victimes de cette lutte inégale, dont E. Ténot et V. Hugo (1) nous ont retracé les émouvantes péripéties, le département de l'Ain revendique avec orgueil le représentant Alphonse Baudin, de Nantua, tué le 3 décembre au matin, sur la barricade du faubourg Saint-Antoine. Intelligence d'élite, âme ardente et généreuse, orateur à l'ironie redoutée et aux véhémentes apostrophes, providence des malheureux à qui il distribuait sans compter les secours de son art et de sa bourse, le docteur Baudin offre dans sa vie et sa mort un parfait modèle de philanthropie, de désintéressement et de courage civique (2). Sa mort put sembler inutile, car le lendemain les épou-

---

(1) E. TÉNOT, *Paris en Décembre 1851*, 1 vol., 1868. V. HUGO, *Histoire d'un crime*.

(2) V. au *Dictionnaire* de Larousse l'article Baudin et le supplément hors texte fort étendu qui l'accompagne.

vantables tueries du boulevard noyaient dans des flots de sang les dernières espérances des défenseurs de la Constitution républicaine. Mais de telles morts ne sont jamais inutiles : elles servent d'exemple, relèvent les âmes et honorent un parti. Il y parut bien quand dix-sept ans plus tard le fantôme du vaincu de décembre, évoqué de son tombeau, vint porter un coup mortel au gouvernement issu du Coup d'État. Baudin mort allait être plus redoutable que Baudin vivant.

En province, la résistance armée ne présenta pas partout le même caractère. Dans certains départements, comme le Gers et les Basses-Alpes, ce fut le parti républicain modéré qui prit l'initiative et la direction du mouvement. Il parvint à le préserver des excès qui désolèrent certaines localités.

Il faut lire dans Ténot (1) le récit de ce que fit le petit département des Basses-Alpes. Médecins, avocats, notaires, commerçants, propriétaires ruraux partirent le fusil sur l'épaule à la tête des bandes de paysans. Un curé de village, un juge au tribunal de Forcalquier donnèrent le signal du soulèvement. Le seul arrondissement de Forcalquier fournit 4,000 volontaires. Pendant dix jours ces bataillons improvisés tinrent en échec les troupes régulières envoyées contre eux.

Si la moitié des départements français avaient suivi l'exemple des Basses-Alpes, le Coup d'État eût peut-être échoué. L'on eût vu, pour la première fois alors, une révolution, victorieuse à Paris, vaincue par la Province.

Dans l'Ain, la résistance fut loin d'être aussi générale, aussi courageuse, aussi bien conduite. Le parti républicain

---

(1) *La Province en Décembre* 1851, chap. VII.

modéré y resta étranger, et ce fut au nom de la République démocratique et sociale que se levèrent ouvriers et paysans.

Notre département, comme le Jura et Saône-et-Loire, offrit le spectacle de soulèvements locaux. Quelques poignées de républicains courageux jusqu'à la témérité s'arment pour la défense de la République, sans calculer les périls de l'entreprise ni son inutilité. Ils font des démonstrations sur les villes voisines et s'arrêtent bientôt découragés par l'indifférence ou l'hostilité des populations, l'étonnante inertie de la ville de Lyon et les désastreuses nouvelles de Paris. Les armes tombent d'elles-mêmes des mains des insurgés (1) ; les troupes envoyées contre eux n'ont pas à combattre.

La ville de Bourg, on l'a vu, avait accepté passivement les faits accomplis. A Belley, il y eut quelques velléités de résistance. Dans la soirée du 3 décembre, des groupes menaçants se formèrent. Un commissaire de police et un lieutenant de gendarmerie les sommant de se dissiper, un cordonnier nommé Avril répondit : « Retirez-vous, le peuple est maître, vous n'avez rien à faire ici. » Le conseil fut suivi ; les autorités se replièrent sur la Sous-Préfecture, dont un détachement de gendarmes et de douaniers, commandé par l'inspecteur des douanes, de Bolaine, gardait les approches. Pendant la nuit, quelques républicains ardents, le tailleur Billiémaz, le mécanicien Boget, le clerc d'avoué Grandjean parcoururent les communes suburbaines, appelant les citoyens au secours de la République en péril. Les paysans ne bougèrent pas.

---

(1) Appliqué aux défenseurs de la loi, ce mot est impropre. Nous l'employons pour abréger. Les véritables insurgés étaient le Président et ses complices.

Le lendemain, vers les 9 heures et demie du soir, un nouveau rassemblement se forma. Il avait à sa tête le douanier Grandjean père qui, à la nouvelle du Coup d'État, était accouru de Seyssel avec armes et bagages. La foule envahit la cour de la Sous-Préfecture et envoya au sous-préfet des délégués pour avoir communication des dépêches de Paris. Le sous-préfet les reçut, leur lut *la Patrie*, et les renvoya satisfaits.

Les seuls incidents dignes d'attention qui signalèrent dans l'Ain la résistance armée, furent d'une part les soulèvements de Bâgé-la-Ville et de Villars, excités l'un par Mâcon, l'autre par Lyon, et d'autre part l'incursion des réfugiés de Genève, marquée par la rixe sanglante d'Anglefort.

Bâgé. — Un jeune notaire, Emile Maillet, était à Bâgé-la-Ville le chef du parti démocratique. Plein d'audace, d'activité et d'énergie, il avait conquis autour de lui un véritable ascendant. Maillet était en relations suivies avec ses amis politiques de Mâcon. A la nouvelle des événements de Paris, il s'y rendit pour se concerter avec eux, et le 4 décembre au soir il rentrait à Bâgé prévenant ses affidés de se tenir prêts. L'insurrection devait éclater le lendemain. Un grand feu, allumé sur la roche de Solutré, devait donner le signal du soulèvement général du Mâconnais et de la Bresse. Il fallait s'armer, arrêter les autorités et marcher sur Mâcon où devait converger une masse de cinq à six mille hommes.

Maillet joint les actes aux paroles. A la tête d'une quinzaine d'individus, dont quelques-uns seulement sont armés de fusils de chasse, il se présente à la porte de la Mairie de Bâgé et en réclame les clefs. Elles lui sont refusées. La petite troupe enfonce les portes, s'empare d'une vingtaine de fusils de garde nationale, s'installe victorieuse à l'Hôtel de Ville et poste des sentinelles. Bâgé-la-Ville fut pendant une nuit au pouvoir des républicains.

Le lendemain, 5 décembre, la petite troupe, comprenant une trentaine d'individus, se met en marche sur Mâcon, lieu de concentration indiquée. Un peu au delà de la Madeleine, elle rencontre un émissaire accouru de Mâcon qui lui dit que « c'était trop tôt ». C'est, en effet, seulement le lendemain, 6 décembre, qu'eut lieu le soulèvement du Mâconnais. Une bande formée à Saint-Gengoux par l'ex-huissier Dismier, natif de Bourg, grossie des contingents de Cluny, Saint-Sorlin, Cormatin, etc., appelés aux armes par le tocsin qui avait sonné toute la nuit, se présenta aux portes de Mâcon, forte de cinq à six cents hommes assez mal armés. Accueillie par une vive fusillade, elle se dispersa laissant trois morts, de nombreux blessés et une trentaine de prisonniers.

Le mouvement de Bâgé devait se combiner avec celui du Mâconnais. Il était donc prématuré. La troupe de Maillet rétrograda sur la Madeleine. Les armes furent cachées chez un ami, dans une cave, où l'on devait les reprendre le lendemain.

Ce contre-temps, imputable soit à une erreur de Maillet sur le jour du soulèvement, soit à un changement dans les dispositions du comité de Mâcon, eut les plus fâcheux résultats : il découragea les gens de Bâgé et donna l'éveil à l'autorité.

Le lendemain, au moment où Dismier marchait sur Mâcon, le parquet de Bourg arrivait à Bâgé avec une compagnie d'infanterie. Une perquisition opérée à la Madeleine fit découvrir, au fond d'une mare pleine d'eau, 18 fusils de munition chargés à balle et 14 baïonnettes. On opéra de nombreuses arrestations. Maillet et cinq ou six autres étaient en fuite et ne purent être saisis. Plusieurs qui s'étaient réfugiés dans les bois des environs y furent traqués par la troupe et la gendarmerie. Vaincus par la faim et le froid, ils vinrent successivement, au bout de quelques jours, se constituer prisonniers. Nous les retrouverons devant la commission mixte.

Villars. — La ville de Lyon, parfois si turbulente quand il faudrait être sage, contenue par l'énergique attitude du général Castellane, subit le Coup d'Etat avec une docilité parfaite : il n'y eut aucune espèce de trouble. Cependant, les comités démocratiques ne laissaient pas de s'agiter et de délibérer ; le centre de ces conciliabules impuissants était rue Grenette. On décida que pour secouer la torpeur de la grande cité, le mieux était d'insurger les campagnes environnantes. A cet effet, des émissaires partirent le 3 décembre dans toutes les directions ; quelques-uns devaient pousser jusqu'à Bourg, en passant par Villars.

Le bourg de Villars occupe au centre du plateau des Dombes, à cheval sur la route de Lyon à Bourg, à égale distance de ces deux villes, une position d'une certaine importance stratégique. L'insurrection de Villars offrait ce double avantage d'intercepter les communications entre ces deux villes et de faire croire dans chacune d'elles à l'insurrection de l'autre.

Villars, et surtout le petit village de Saint-Marcel, qui en est distant de 7 kilomètres au sud, peuplés de pêcheurs d'étangs, étaient de petits centres démocratiques. Les principaux chefs du parti étaient à Villars le maître de postes M., un gentilhomme républicain, P. de la C., le garde Rivoire, l'aubergiste Péchoux ; à Saint-Marcel, un ex-facteur, ancien soldat d'Afrique, nommé Labruyère, un cantonnier, nommé Jean-Pierre Geoffray, et un chiffonnier, nommé Claude Bouchard.

Le 3 décembre, Labruyère et un de ses compagnons se rendaient à Lyon pour conférer avec les comités républicains. Ils en revinrent le soir, donnèrent chez Bouchard, à Saint-Marcel, le mot d'ordre qui paraît avoir été : « A moi Sparte ! », puis se rendirent à Villars, chez Péchoux, où l'on arrêta le plan de l'insurrection. Une bande, partie de Saint-Marcel, centre du mouvement, devait se rendre à Villars, entraîner cette commune dans l'insurrection revenir à Saint-Marcel et marcher sur Lyon qui n'attendait, disait-on, qu'un signal pour prendre les armes.

Dès le lendemain, 4 décembre, un rassemblement se forma à Saint-Marcel et fit une démonstration qui n'eut pas de suite.

Le 5 décembre, vers 3 heures du matin, des émissaires de Lyon arrivèrent à Villars, apportant à Péchoux une lettre chiffrée. On tint conseil, puis des messagers partirent dans toutes les directions, annonçant la prise d'armes pour le jour même (1).

Geoffray en porta la nouvelle à Saint-Marcel et se mit avec Labruyère à la tête de la bande qui devait entraîner Villars, et qui partit immédiatement. Geoffray portait un drapeau rouge sur lequel se lisaient, en lettres dorées, ces

---

(1) Trois des émissaires lyonnais vinrent jusqu'à Bourg Ils passèrent toute l'après-midi du 5 décembre en pourparlers qui n'aboutirent pas et retournèrent à Villars. La nuit suivante, deux autres vinrent jusqu'à Servas, où ils rencontrèrent le nommé Calatra arrivant de Bourg, qui leur dit : « Ça ne va pas bien. J'ai parcouru tous les cafés jusqu'à 9 heures du soir ; personne n'a voulu marcher, et peu s'en est fallu qu'on ne me mit dedans. » Ce Calatra fut, paraît-il, condamné par la commission mixte du Rhône à la transportation à Lambessa, où il mourut.

mots : *République démocratique et sociale*. Au Bois-Renard, les insurgés forcèrent l'entrée d'une maison où Labruyère s'empara d'un sabre (1).

Vers 8 heures et demie du matin, ils n'étaient plus qu'à 3 kilomètres de Villars, lorsqu'ils entendirent le bruit d'une voiture qu'à la couleur de sa lanterne ils reconnurent pour être la malle-poste de Mulhouse à Lyon ; ils résolurent de l'arrêter pour s'emparer des dépêches. La malle étant à portée, Labruyère et Geoffray la sommèrent de s'arrêter, au nom de la République démocratique et sociale : « La révolution commence cette nuit à Lyon et dans toute la France, » cria Labruyère. Le courrier et le postillon ne firent aucune résistance et la malle rétrograda sur Villars, où la bande fit son entrée. Les dépêches, portées au café Péchoux, furent seules fouillées. Le pillage était si peu l'objet de cette insurrection, purement politique, que le conducteur ayant montré un paquet de valeurs, Labruyère lui dit : « Ce n'est pas là notre affaire, nous voulons seulement connaître les nouvelles. »

Les insurgés ne trouvèrent rien dans les dépêches qui fût de nature à les encourager. Ils persistèrent néanmoins. On battit la générale, et un grand nombre d'habitants de Villars vinrent grossir le rassemblement. La journée du 5 fut consacrée à s'organiser.

Villars devenait le quartier général de l'insurrection. Si toute la Dombes l'imitait, le mouvement pouvait devenir sérieux ; mais l'insurrection resta locale. A Trévoux, la garde nationale, commandée par l'avocat Perrin, était

---

(1) Et d'une somme de cent écus, si l'on en croit le Commissaire du gouvernement. Nous n'avons pu contrôler cette allégation, qui ne saurait être accueillie sauf vérification que sous bénéfice d'inventaire.

en majorité républicaine. Quelques-uns proposaient de se déclarer contre le Coup d'Etat et de marcher sur Lyon. Il fut objecté que la résistance n'avait aucune chance de succès, que ce serait se compromettre inutilement. Les conseils de la prudence prévalurent : Trévoux garda une tranquillité parfaite.

Le 6 décembre, avant le jour, on battit le rappel à Villars. La petite troupe se mit en marche, ayant à sa tête le tambour Barral, et se dirigea sur Saint-Marcel. Les gens de Villars qui n'avaient pas voulu suivre les insurgés regardaient tranquillement défiler le cortège du seuil de leurs maisons. La troupe n'était composée que de volontaires.

Arrivés à Saint-Marcel, les insurgés firent sonner le tocsin. De nouvelles recrues se joignirent à eux, et l'instituteur de Saint-Jean, muni d'un tambour, prit place aux côtés de Barral. La bande ainsi grossie et comptant, suivant la déclaration du maire de Saint-Marcel à la gendarmerie, environ 150 individus armés de fusils, pistolets, sabres, fourches, faux, haches et bâtons, reprit sa marche sur Lyon. En tête et en queue, on avait placé les hommes les plus résolus et les mieux armés.

A 4 kilomètres de Saint-Marcel, au point de jonction des routes de Lyon, Trévoux et Montluel, se trouvait la caserne de gendarmerie de Saint-André-de-Corcy. Les insurgés pensaient la surprendre et faire les gendarmes prisonniers. Mais le maréchal-des-logis Alain, prévenu par le maire de Saint-Marcel, avait dépêché un gendarme à Trévoux pour demander du renfort, et, montant à cheval avec les deux autres gendarmes Nicolas et Crinquant, il s'était porté jusqu'à la Croix-Blanche. Là, les trois cavaliers s'étaient mis en embuscade au bord de la route. Quand les insurgés furent à portée, les gendarmes fondirent intrépidement sur eux, mais une décharge générale les mit tous trois hors de combat.

Le maréchal-des-logis eut la main droite percée d'une balle et laissa sur le terrain la lame de son sabre dont le cordon avait été coupé ; le gendarme Nicolas reçut à la joue et au côté deux blessures sans gravité ; le gendarme Crinquant reçut en pleine poitrine une balle dont le choc, heureusement amorti, ne lui fit qu'une simple contusion. Cédant à la supériorité du nombre, ils battirent en retraite jusqu'à Civrieux.

Après cette échauffourée, les insurgés s'arrêtèrent comme effrayés de leur œuvre. Leur ardeur tomba tout à coup, et, soit que l'attitude de la population les eût découragés, soit qu'ils eussent reçu de mauvaises nouvelles de Lyon, soit que l'approche de la force armée leur eût été annoncée, ils ne tardèrent pas à se disperser.

A la première nouvelle des troubles de Villars, l'autorité avait pris ses mesures. Bourg avait envoyé deux compagnies d'infanterie, Lyon deux escadrons de dragons sous les ordres du général Guado. En même temps, le procureur de la République de Trévoux arrivait sur les lieux avec deux brigades de gendarmerie. Ces forces n'eurent pas à combattre : les rassemblements s'étaient dissipés d'eux-mêmes. On opéra une soixantaine d'arrestations ; les principaux insurgés étaient en fuite. Les individus arrêtés furent dirigés sur Lyon par Trévoux. La commission mixte du Rhône en jugea un certain nombre et en renvoya 57 devant le Conseil de guerre, où nous les retrouverons.

Anglefort. — Des trois grandes villes qui avoisinent notre département, Mâcon avait suscité la prise d'armes de Bâgé, Lyon celle de Villars. De Genève vint l'incursion des réfugiés français.

Cette ville, qui fut de tout temps un asile ouvert aux proscrits de tous les partis, renfermait alors un grand nombre d'exilés de toutes nationalités, épaves des révolutions qui depuis un demi-siècle agitaient la vieille Europe.

A la nouvelle des événements de Paris, une centaine d'entre eux se réunirent dans le local de la Société du Grütli, pour aviser aux résolutions à prendre en de telles conjonctures. James Fazy, le dictateur de Genève, qui tenait à vivre en bonne intelligence avec le nouveau gouvernement de la France, se rendit au milieu d'eux pour les dissuader d'aller « se faire écharper ». Il leur représenta que leurs démarches pouvaient compromettre le gouvernement genevois, et les somma de se disperser. Ils obéirent. Sur ces entrefaites arrive une lettre de Baudin disant : « Mes amis, quand vous recevrez cette lettre, je ne serai peut-être plus de ce monde. Le bandit a levé le masque. Je vais au faubourg Saint-Antoine, savoir si les ouvriers de Paris ont encore du sang dans les veines. Que tous ceux qui abhorrent la tyrannie se lèvent, car voici l'heure où la liberté agonisante réclame le concours de tous ses enfants (1)....» Une vingtaine de réfugiés répondant à cet appel franchirent la frontière sarde à Chancy, le 4 ou 5 décembre, pénétrèrent en Savoie et se dirigèrent sur Seyssel. Un patron de bateau de Seyssel (France) devait leur procurer une barque pour descendre le Rhône jusqu'à Lyon, qu'ils croyaient en insurrection. Mais les autorités sardes et françaises avaient été préve-

---

(1) *Souvenirs d'un Missionnaire*, par l'abbé Marchal. Genève, 1874, p. 56.

nues. Le patron du bateau fut arrêté, le même jour, pour des menaces proférées contre un brigadier de gendarmerie.

Les réfugiés, arrivés à Seyssel (Savoie), trouvèrent le pont gardé ; il ne fallait pas songer à forcer le passage. Ce contre-temps les décida à renoncer à leurs projets. Cinq d'entre eux seulement y persistèrent. C'étaient les nommés : — Charlet, ébéniste, âgé de 29 ans, né à Londres de parents français, protestant, petit-fils d'un valet de chambre de Necker, qu'une condamnation à deux ans de prison, prononcée par contumace par un Conseil de guerre pour participation à l'insurrection de Juin 1848, avait contraint de se réfugier à Genève, où il vivait avec sa mère ; — Champin, menuisier, âgé de 40 ans, originaire de Condrieu, également sous le coup d'une condamnation par contumace à vingt ans de détention, pour participation aux troubles de Vienne, en 1849 ; — Pothier et Perrier, deux jeunes sous-officiers du 13me de ligne, qui avaient, au mois d'août précédent, déserté leur régiment, en garnison à Vienne, afin d'échapper à une poursuite pour complot et affiliation à des sociétés secrètes ; — enfin, un cinquième personnage, nommé Veuillace, dont on ne sait rien. Perrier était armé d'un pistolet, Charlet d'un sabre ou d'un poignard, d'autres disent d'une de ces limes triangulaires dont se servent les menuisiers pour aiguiser leurs scies, et qu'ils appellent *affuteur*. On ignore si les autres avaient des armes.

Le 5 décembre, vers cinq heures du soir, ces cinq individus quittèrent Seyssel et suivirent la rive gauche du Rhône jusqu'à la hauteur d'Anglefort. Là, ils traversèrent le fleuve dans une embarcation et abordèrent à la rive française.

Le brigadier des douanes de Seyssel, averti par les autorités sardes, avait envoyé de ce côté deux de ses hommes armés de carabines, le préposé Guichard et le sous-brigadier Rodary. Ceux-ci s'étaient embusqués près de l'église d'Anglefort, entre le fleuve et le village. Lorsque les réfugiés furent arrivés près d'eux, les douaniers s'avancèrent et leur firent sommation de les suivre au village, chez le brigadier de gendarmerie, pour y justifier de leur identité. Les réfugiés feignent d'obtempérer à cette invitation, et suivent les douaniers sans résistance jusqu'à la bifurcation du chemin avec la grande route qui conduit d'un côté au village d'Anglefort distant d'environ 200 mètres et de l'autre à Culoz. Là, les réfugiés veulent prendre la direction de Culoz ; les douaniers s'y opposent et croisent la baïonnette. Une lutte s'engage : les douaniers sont désarmés, Rodary reçoit dans l'épaule un coup de pistolet qui le renverse, Guichard tombe mortellement frappé de plusieurs coups de poignard ou d'*affuteur* et de coups de crosse portés avec sa propre carabine. Des chasseurs attirés par le bruit de la détonation relèvent les douaniers et les aident à regagner Anglefort, pendant que les réfugiés s'enfuyent dans la direction de Culoz.

Champin et Pothier furent arrêtés le lendemain soir, par la gendarmerie, non loin de Ceyzérieu ; Charlet le fut le surlendemain, par des paysans, au hameau d'Egay, sur le Colombier ; nous les retrouverons devant le Conseil de guerre. Quant à Perrier et à Veuillace, ils avaient disparu. A quelque temps de là, on trouva dans le Rhône le paletot de Perrier, ce qui fit supposer qu'il s'était noyé, en cherchant à traverser le fleuve à la nage.

Le malheureux Guichard mourut, après deux jours de souffrance, laissant une veuve et quatre enfants, en faveur de qui on ouvrit une souscription. Quelques instants avant de rendre le dernier soupir, il avait été confronté avec Charlet, et avait cru reconnaître dans ce jeune homme celui qui l'avait frappé. Charlet a soutenu, jusqu'au dernier moment, que celui qui avait achevé le douanier Guichard, c'était Veuillace, ce cinquième personnage mystérieux, que les douaniers déclaraient avoir vu, et dont l'existence même fut contestée au cours du procès (1).

— Tels furent les principaux événements qui marquèrent, dans l'Ain, la résistance au Coup d'Etat. L'affaire d'Anglefort est heureusement la seule qui fut suivie de mort d'homme. Il nous reste à dire ce que fut la répression.

De ce récit, que nous avons fait aussi consciencieux que possible, on peut, il nous semble, conclure sans témérité qu'il y avait dans les campagnes des éléments de résistance qui eussent pu être utilement employés. Si la bourgeoisie libérale, au lieu de se jeter éperdue dans les bras de César, avait vaillamment pris la direction du mouvement, en lui imprimant le caractère plus strictement constitutionnel qui l'eût fait accepter de tous ; si le soulèvement avait été, par suite, plus général et conduit avec plus d'ensemble et de méthode ; si les grandes villes avaient pris les armes, les événements eussent pu être tout autres. Mais la bourgeoisie avait peur de l'anarchie. L'invocation de la République démocratique et sociale, l'apparition du drapeau rouge n'étaient pas propres à la rassurer et achevèrent de la rendre plus soucieuse de l'ordre que de la liberté. Les lourdes et énervantes années qui suivirent,

---

(1) Voy. Ténot, chap. I, *in fine*. V. aussi dans la *Gazette des Tribunaux* des 29 et 30 janvier 1852, le premier procès de Charlet. Certains détails inédits nous ont été obligeamment fournis par M. Marchal, dont Charlet fut le premier pénitent.

la catastrophe qui en fut le dénouement logique l'ont instruite, nous l'espérons pour elle et pour notre pays. L'ordre sans la liberté, au point de civilisation où l'Europe en est, c'est, pour la contrée qui s'y résigne, la décrépitude et la mort.

Constatons-le, avant de passer plus avant : aucun fait positif de vol n'a pu être établi à la charge des insurgés. Ceux de Bâgé furent condamnés, par la Commission mixte, comme coupables, entre autres griefs, « d'avoir pris part à un mouvement insurrectionnel *ayant pour but le pillage de la ville de Mâcon* ». Cette accusation est une absurde calomnie. Rien n'autorise à la porter contre des hommes qui prirent part à un mouvement purement politique, et au fond parfaitement légitime. On n'eût même pas relevé ici ces ridicules imputations, si, encore aujourd'hui, des écrivains bonapartistes n'osaient les rééditer (1). Partout, dans l'Ain, les personnes et les propriétés furent respectées, dans les limites que comporte la guerre, car c'était une guerre, et la plus terrible de toutes, la guerre civile. Les citoyens qui s'armèrent pour défendre la Constitution étaient des belligérants au même titre que les régiments français qui, l'après-midi du 4 décembre, sur le boulevard Montmartre, massacrèrent des citoyens inoffensifs, des femmes et des enfants, à cette différence près que les uns étaient dans le droit et les autres dans le crime.

---

(1) M. Granier de Cassagnac père, dans ses *Souvenirs du second Empire,* publiés récemment dans le Supplément littéraire du *Figaro,* parle encore des *sacs* dont les *Jacques* de Décembre s'étaient munis pour le pillage. Ténot a expliqué que ces sacs étaient tout simplement les besaces dont les paysans de certaines contrées se servent pour mettre des provisions. Il était naturel que, quittant leurs villages pour quelques jours, ils emportassent des vivres dans une besace.

IV.

LE PLÉBISCITE. — LA RÉPRESSION. — LA COMMISSION MIXTE. — LES CONSEILS DE GUERRE. — EXÉCUTION DE CHARLET.

Le Coup d'État avait réussi. Il restait à en rendre le peuple français complice en le lui faisant ratifier par un plébiscite. Les décrets du 2 décembre avaient d'abord prescrit le vote au scrutin public, avec signature sur un registre. L'armée vota suivant ce mode dans les 48 heures (1). Mais un pareil mode de votation était si peu propre à donner au pouvoir nouveau le prestige qu'il recherchait dans un plébiscite qu'on y renonça. Le vote des 20 et 21 décembre 1851 eut lieu au scrutin secret. Le parti républicain était assez décimé, la presse assez muselée, le pays assez terrorisé : le résultat ne pouvait être douteux.

La formule suivante fut soumise à l'approbation du suffrage universel : « Le peuple veut le maintien de l'autorité de Louis-Napoléon Bonaparte, et lui donne les pouvoirs nécessaires pour faire une constitution d'après les bases établies dans sa proclamation du 2 décembre. »

Le scrutin donna dans l'Ain les résultats suivants :

Electeurs inscrits.	102.138
Votants.	85.399
Oui.	81.849
Non.	3.472

---

(1) Vote de l'armée de terre : 303,290 *oui* et 37,359 *non*.
Vote de l'armée de mer : 15,979 »   5,128 »
Il se trouva donc dans l'armée française plus de 42,000 militaires qui eurent le courage de signer de leur nom un vote négatif. L'armée était proportionnellement beaucoup plus républicaine que la nation. Le vote total de la population civile donna 7,439,216 *oui* et seulement 640,737 *non*.

Pas une commune ne donna une majorité de *non*. Les seules où les suffrages furent à peu près balancés sont Challex, Vaux et Saint-Laurent-lès-Mâcon.

Même libre, le vote eût donné au Prince-Président une forte majorité, tant la France était altérée de repos et prête à l'abandon d'elle-même.

Mais si l'on songe aux conditions dans lesquelles s'accomplit ce vote, dans le silence de la presse, au milieu des arrestations et des proscriptions, sous l'œil des gendarmes le sabre au poing dans les salles de vote, on est en droit de s'étonner qu'il se soit trouvé dans l'Ain près de 3,500 citoyens pour répondre *non*.

Quelques faits donneront une idée de la liberté du vote. Nous les trouvons dans les dossiers de la Commission mixte. Le 27 février 1852, cette commission plaçait sous la surveillance du ministère de la Police générale et « révoquait de ses fonctions de conseiller municipal » (*sic*) un propriétaire de Thézillieu, nommé Borron, « coupable d'avoir, aux élections de décembre dernier, fait tous ses efforts pour empêcher les électeurs de voter en faveur du Président de la République ».

Le 7 février elle condamnait à la même peine deux cultivateurs d'Ambronay, nommés Sevoz et Perrin, « coupables de propager très activement les doctrines les plus dangereuses ». Ces deux hommes avaient été arrêtés avant le plébiscite, et voici en quels termes le Procureur de la République de Belley, Genevois, expliquait leur arrestation : « Je n'ai aucun fait précis à articuler contre ces deux prévenus. Ils passent pour avoir des relations avec les hommes les plus exaltés de leur parti et pour avoir été des émissaires ardents dans les villages qu'ils habitent. Pour paralyser les effets de la propagande qu'eux et les leurs auraient été tentés de pratiquer *lors du vote du plébiscite*, j'ai introduit la poursuite dont vous êtes saisi » (1).

De pareils faits abondent ; ces exemples suffisent.

— Ainsi affermi par le vote populaire, le gouvernement nouveau s'occupa activement de s'organiser. Les quatre mois de pouvoir dictatorial, qui s'écoulèrent du 2 décembre 1851 au 29 mars 1852, jour de la réunion des grands corps de l'Etat, furent mis à profit. Le 14 janvier 1852, Louis-Napoléon promulgua une constitution qui, sauf de légères modifications, nous a régis jusqu'en 1870. Le régime parlementaire, rétabli en France depuis la chute du premier empire, subit une nouvelle éclipse. Plus de tribune ! Un Corps législatif, pâle assemblage de candidats officiels, créatures de l'administration et valets du pouvoir, fantôme de représentation nationale privé des droits d'initiative, d'amendement et d'interpellation (dont il n'avait au reste guère souci), votant le budget par ministères, c'est-à-dire sans contrôle ! Des ministres irresponsables, réduits au rôle de simples commis ou « d'avocats gagés à l'année » (2) ; une presse soumise à l'autorisation préalable et à la suppression administrative ! Tel fut le régime que la France accepta ou subit dix-neuf ans ! C'était le despotisme tempéré par des plébiscites menteurs et des élections sophistiquées !

Une longue série de décrets dictatoriaux (3), modifiant

---

(1) Lettre du 31 janvier 1852. (Archives de l'Ain.)

(2) Serrigny : *Compétence administrative*, t. I, p. 112.

(3) Ces décrets-lois, dont plusieurs subsistent encore, concernaient outre les mesures dites de sûreté générale, telles que les proscriptions des députés et la confiscation des biens de la famille d'Orléans, la presse, les réunions publiques, la garde nationale, les cafés et cabarets, les titres de noblesse, l'élection des députés, le Conseil d'Etat, la décentralisation administrative, l'instruction

profondément toutes les branches d'administration, compléta ce qu'on appelait « la restauration du principe d'autorité ».

Chose curieuse ! Le nouveau gouvernement avait conservé le nom de République. Un second plébiscite devait avant un an faire disparaître cette anomalie : le 2 décembre 1852, jour anniversaire de l'heureux coup de main, l'Empire était solennellement rétabli. Il n'y avait eu qu'un mot à changer à la constitution du 14 janvier 1852.

— En même temps qu'il légiférait, le Prince-Président profitait du pouvoir sans bornes qu'il tenait de l'affolement de la nation pour anéantir le parti républicain, en frappant à la fois les chefs et les soldats.

La députation de l'Ain paya largement son tribut. Outre Baudin, mort comme on sait, deux autres représentants méritèrent les honneurs de la proscription.

L'un, Roselli Mollet, fut compris dans le décret qui *expulsait* de France 64 représentants, les hommes d'action, ceux dont l'énergie et l'audace étaient le plus justement redoutées de l'Elysée. Citons : V. Hugo, Valentin, le colonel Charras, Testelin, Martin Nadaud, Schœlcher, Joigneaux, Esquiros, Madier-Montjau, Raspail, Bancel, Théodore Bac, Mathieu (de la Drôme), Noël Parfait, Benoît (du Rhône), Boysset (de Saône-et-Loire) et notre compatriote Frédéric Charassin, député de Saône-et-Loire, frère du constituant.

L'autre, Edgar Quinet, le profond penseur et le grand citoyen, figura avec Thiers, de Rémusat, de Lasteyrie,

---

publique, les commissions administratives des hospices, les sociétés de secours mutuels, la magistrature (limite d'âge fixée à 70 ans), les congrégations et communautés religieuses de femmes, le Crédit foncier, la Légion d'honneur, etc. et jusqu'aux élections du barreau !

Duvergier de Hauranne, Emile de Girardin, Pascal Duprat, Baze, les généraux Lamoricière, Changarnier, Leflô, Bedeau, dans le décret qui *éloignait momentanément* du territoire français 18 représentants (1).

Cet éloignement *momentané* devait durer vingt ans pour cet indomptable défenseur du droit. Repoussant avec mépris les amnisties octroyées aux victimes par le crime triomphant, Edgar Quinet, comme Victor Hugo, Charras, Schœlcher, etc., devait répondre aux hommes de l'Empire : « Nous ne vous amnistions pas ! » Il voulait, remettant le pied sur le sol de la patrie, fouler une terre libre.

En même temps qu'il proscrivait les chefs du parti républicain, le gouvernement du Prince-Président ne dédaignait pas de frapper les plus humbles citoyens. Un décret du 8 décembre 1851 autorisa les préfets à faire transporter, par mesure de sûreté générale, dans une colonie pénitentiaire, à Cayenne ou en Algérie, tout individu placé sous la surveillance de la haute police reconnu coupable du délit de rupture de ban. L'article 2 de ce décret ajoute : « La même mesure sera applicable aux individus *reconnus coupables d'avoir fait partie d'une société secrète.* »

Avant et après le plébiscite, les autorités administratives, militaires, judiciaires déployèrent contre les citoyens suspects d'opinions républicaines un zèle sans bornes. Pendant quatre mois les arrestations continuèrent. La liberté individuelle était à la merci de la lâcheté d'un délateur ou du caprice d'un fonctionnaire.

Beaucoup de ceux qui avaient participé aux troubles

---

(1) Ces décrets portent la double date du 29 décembre 1851 et du 9 janvier 1852.

de Bâgé et de Villars avaient pris la fuite : on les traqua de tous côtés, on organisa la chasse aux républicains. Il fallait se prémunir contre la pitié des populations. Le colonel commandant l'état de siège dans le département de l'Ain prit l'arrêté suivant :

« Tout habitant du département de l'Ain qui donnera
» asile à des individus *suspects* ou à des insurgés sera
» considéré comme *complice* (sic) et traduit comme tel
» devant la juridiction militaire.

» Les autorités militaires, civiles et judiciaires sont
» chargées de l'exécution du présent arrêté.

« Bourg, le 8 janvier 1852.

» JACQUEMONT DU DONJON. »

Cet arrêté remarquable par le fond et la forme ne resta pas lettre morte.

Le représentant Boysset, de Saône-et-Loire, cherchant à gagner la Suisse par le Haut-Bugey, avait trouvé aide et assistance chez un des hommes les plus justement considérés de ce pays : M. Druard, maire d'Oyonnax en 1848. Celui-ci lui avait donné un guide pour le conduire à la frontière par les montagnes. A Belleydoux, une indiscrétion révéla la présence du représentant. Le maire, plein de zèle, heureux de cette capture qui devait le signaler aux faveurs du pouvoir, fit arrêter le fugitif. Enfermé dans la maison-commune, Boysset y passa, sans feu, gardé à vue, une nuit de décembre. On lui refusa même un matelas pour se coucher. Le lendemain, il était ramené à Oyonnax, d'où la gendarmerie le conduisit à Nantua. M. Druard l'accompagna pour le protéger. Il fut arrêté à son tour, traîné dans la prison de Roanne, à Lyon, et jugé par une commission militaire. Il fut acquitté, après un mois de détention, grâce à l'intervention d'un haut dignitaire de l'armée, dont la famille était alliée à la sienne (1). Quant au maire qui croyait au moins gagner la croix en empêchant un député républicain de passer la frontière, il se trouva qu'il n'avait fait qu'une lâcheté doublée d'une maladresse, car, peu de jours après, le représentant Boysset était compris dans le décret d'expulsion.

— Des insurgés de Décembre, les uns furent jugés par des commissions militaires formées à Lyon, d'autres par les Conseils de guerre siégeant dans la même ville, d'autres enfin par la Commission mixte de l'Ain.

L'instruction de quelques poursuites fut commencée par les juges d'instruction. Les délits relevés contre les inculpés étaient ceux d'insurrection, d'excitation à la guerre civile, d'envahissement par violence de lieux publics pour y enlever des armes, etc. Les qualifications légales ne manquaient pas, et l'arsenal de nos lois répressives offrait aux tribunaux ordinaires des armes suffisantes pour faire bonne justice. Les citoyens qui avaient pris les armes contre le Coup d'Etat étaient *coupables*, puisqu'ils étaient *vaincus* ! Le dévouement de la magistrature au gouvernement nouveau n'était pas suspect. Des adresses de félicitations, émanées de tous les tribunaux de France, affluaient à l'Elysée, saluant dans Louis-Napoléon le sauveur de la société, de la famille, de la religion, de la propriété, etc. On pouvait compter sur elle. Le jury lui-même, cédant à l'irrésistible mouvement qui emportait le pays vers la dictature, n'eut été guère plus tendre. On avait enfin les Conseils de guerre, investis, en vertu de l'état de siège, de la connaissance des faits insurrectionnels. Tout cela ne suffisait pas aux hommes de Décembre.

---

(1) Le maréchal Vaillant.

Les garanties que dans tout pays civilisé la loi assure aux accusés, un débat public et contradictoire, une défense libre, tout cela était obstacle à l'accomplissement de l'œuvre qu'on méditait.

Ce qu'on voulait atteindre, c'était les délits d'opinion. Ceux qu'on voulait frapper, c'étaient les hommes *dangereux* ou *suspects*, les *socialistes*, et sous ces vagues dénominations on enveloppait tous les républicains. On voulait détruire à jamais ce parti toujours écrasé, toujours renaissant. On voulait briser tous ceux qui, l'orage une fois passé, se fussent relevés et eussent constitué le noyau d'un parti d'opposition. On voulait, suivant l'énergique expression d'un auteur anglais (1) « emasculer la France ». De là l'institution des Commissions mixtes.

On n'arriva pas de prime abord à cette haute conception. Il y eut des tâtonnements. Un décret du 11 décembre 1851 avait institué des commissions militaires chargées de « statuer sur les cas de mise en liberté, de transportation ou de renvoi devant les Conseils de guerre, relativement aux individus inculpés d'avoir pris part à l'insurrection de Décembre 1851 ».

La Commission militaire de Lyon, dont relevait notre département, était composée du chef d'escadron Veulens et des capitaines Stroltz et Merle. Elle prononça sur le sort de plusieurs de nos compatriotes. Nous n'avons sur le nombre et la nature de ces décisions aucun renseignement précis.

Le 3 février 1852 parut une circulaire collective des trois ministres de la Justice, de la Guerre et de l'Intérieur (2). Elle créait dans chaque département une com-

---

(1) Sir A.-V. Kinglake. *Op. cit.*, p. 85.
(2) Abbatucci, Leroy dit de St-Arnaud, Fialin dit de Persigny.

mission mixte composée du préfet, du commandant militaire du département et du procureur de la République près le tribunal du chef-lieu.

Les considérants de cette circulaire sont intéressants à retenir : « Animé du désir de voir la société délivrée des pernicieux éléments qui menaçaient de la dissoudre..., le Gouvernement a pensé que pour concilier à la fois les intérêts de la *justice*, de la sûreté générale et de l'*humanité*, il ne pouvait mieux faire que de confier dans chaque département le jugement de ces inculpés à une sorte de tribunal mixte, composé de fonctionnaires de divers ordres, assez rapprochés des lieux où les faits se sont passés pour en apprécier le véritable caractère, assez haut placés dans la hiérarchie pour comprendre l'importance d'une semblable mission, en accepter résolûment la responsabilité, et offrir à la société, comme aux particuliers, toute garantie d'intelligence et d'*impartialité.* »

Cette Commission fonctionnait à la Préfecture et prenait ses décisions d'après les documents mis à sa disposition par les parquets ou les commissions militaires, ou simplement sur les renseignements fournis par les juges de paix, les maires, les curés, etc., ou les rapports plus ou moins désintéressés de dénonciateurs connus ou anonymes.

Le *jugement par commissaires* a laissé dans l'histoire de l'ancienne monarchie une trace sanglante. Flétri par les philosophes du XVIIIe siècle et par la conscience publique, il ne s'en est pas moins perpétué, sous des noms différents, jusque sous nos gouvernements modernes. Les Commissions militaires du premier Empire, les Cours prévôtales de la Restauration, les Commissions mixtes de Louis-Napoléon continuent une vieille tradition.

Dans les Commissions mixtes tout était arbitraire : la juridiction, la procédure, les délits, la pénalité. Les Cours prévôtales avaient au moins conservé les formes extérieures de la justice. Les Commissions mixtes s'en affranchirent. Elles jugèrent dans le secret du cabinet, sans comparution ni interrogatoire des accusés, sans audition de témoins, sans confrontation, sans débat contradictoire, sans défense.

« Ils sont assis dans l'ombre et disent : Nous jugeons. »
(V. Hugo, *les Châtiments*.)

Les intéressés, détenus pour la plupart, ne connurent souvent l'accusation dont ils étaient l'objet qu'en apprenant la sentence qui les frappait.

Les châtiments que cet étrange tribunal était appelé à infliger variaient « suivant le degré de culpabilité, les antécédents politiques et privés, la position de famille des inculpés ». Voici l'échelle des peines d'après le nouveau Code pénal édicté par MM. Abbatucci, Saint-Arnaud et Persigny : la transportation à Cayenne ou en Algérie, l'expulsion de France, l'éloignement momentané du territoire, l'internement, c'est-à-dire l'obligation de résider dans une localité déterminée, la mise sous la surveillance de la police générale.

La Commission devait renvoyer devant les Conseils de guerre les individus convaincus de meurtre ou de tentative de meurtre. Elle pouvait enfin ordonner le renvoi des détenus en police correctionnelle ou leur mise en liberté.

La transportation à Cayenne ne pouvait être prononcée que contre les repris de justice. Notons qu'une seule condamnation antérieure, même pour délit politique, faisait un repris de justice.

L'arbitraire, on le voit, ne saurait être poussé plus loin.

Des juges sans mandat, punissant de peines qui n'existent pas dans nos Codes des faits qui ne constituent ni crimes ni délits, et ne sont ni prévus ni punis par la loi !

La commission mixte de l'Ain était composée, conformément à la circulaire ministérielle, du baron Abel Rogniat, préfet de l'Ain, du colonel Jacquemont du Donjon, du 39me de ligne, commandant militaire du Département, et de Justin Béret, procureur de la République près le tribunal de Bourg.

Les originaux des procès-verbaux de ses opérations ayant été envoyés à la Commission de révision, siégeant à Paris, il n'existe aux Archives de l'Ain que des extraits de ces procès-verbaux, certifiés conformes par le préfet Abel Rogniat (1).

La Commission mixte commença ses opérations le 4 février et les termina le 28. Elle statua sur le sort de 66 individus. Parmi eux figuraient 26 insurgés de Bâgé. Tous les autres étaient des hommes qui n'avaient pris part à aucun soulèvement, contre lesquels on ne pouvait articuler aucun fait précis, mais qui dans leur village étaient connus pour républicains, avaient pris aux luttes électorales ou aux discussions des clubs une part plus ou moins active, ou avaient osé blâmer les actes de Louis-Napoléon et engager à voter *non*. Les haines privées trouvèrent là un moyen de s'assouvir sans danger.

Les décisions de la Commission mixte se décomposent ainsi :

---

(1) Ces extraits ne mentionnent pas le nom du greffier. Il est de notoriété publique à Bourg que ces fonctions furent remplies par M. Chicod, ancien greffier du Tribunal, qui, dit-on, les aurait sollicitées. Le même personnage fut maire imposé de Bourg après le 24 mai 1873.

Condamnations à la transportation à Cayenne : 2
— — à Lambessa : 20
— à l'expulsion du territoire : 8
— à la mise sous la surveillance de la police : 14

Total des condamnations : 44
Renvois en police correctionnelle............ 4
Mises en liberté......................... 18

Total................ 66

Un *communiqué* inséré au *Courrier de l'Ain* du 4 mars 1852 donne bien ce chiffre de 66, mais il diffère sur quelques points de notre récapitulation, qui a été faite soigneusement, d'après les extraits certifiés conformes.

La liste des personnes que ces décisions concernent n'offrirait peut-être pas grand intérêt ; la plupart sont d'humble condition, ouvriers ou paysans.

Les 2 transportés à Cayenne étaient un journalier de Saint-Trivier-sur-Moignans et un voiturier de Bâgé. Ce dernier avait huit enfants.

Les 20 transportés à Lambessa comprenaient : 13 habitants de Bâgé, 4 de Pont-de-Vaux, 1 de Pont-d'Ain, 1 de Trévoux et 1 de Ceyzériat.

Les 8 expulsés comprenaient : 1 habitant de Belley, 1 d'Oyonnax, 2 de Pont-de-Vaux, 1 de Challex, 1 de Bâgé, 1 de Miribel et 1 de Neyron.

Les 14 placés sous la surveillance de la police générale comprenaient : 1 habitant d'Hauteville, 1 de Nantua, 3 de Thoissey, 2 d'Ambronay, 1 de Bourg, 1 de Bâgé, 1 de Prémillieu, 1 d'Étrez, 1 de Thézillieu et 2 de Lhuis.

Si l'on considère ce qu'ont fait les Commissions mixtes dans d'autres départements, on est forcé de convenir que celle de l'Ain montra de la modération (1). L'officier supérieur qui en fit partie exprimait, quelque temps après, la répugnance qu'il avait éprouvée à remplir cette mission extra-légale et le dégoût que lui avait causé l'ardeur de délation dont il avait été témoin.

On a vu plus haut des spécimens des décisions des Commissions mixtes ; il faut en citer ici quelques autres. Voici la transcription littérale de celle qui concerne Maillet, d'après les extraits qui sont aux Archives :

« La Commission mixte du département de l'Ain a, par décision du 11 février 1852, ordonné que le sieur Maillet, coupable : 1° d'avoir recruté ostensiblement pour le socialisme ; 2° d'avoir puissamment contribué à organiser la bande qui s'est portée de Bâgé à Mâcon, le 5 décembre dernier, pour le pillage de cette ville (!); 3° d'avoir disparu de son domicile, emportant ses minutes et les dépôts d'argent qui lui étaient confiés (2) ; 4° qu'il a été révoqué de ses fonctions (sic) ; 5° d'avoir fait partie des sociétés secrètes ; 6° d'être un homme très dangereux pour la société, serait transporté à Lambessa. »

Un honorable pharmacien de Thoissey, M. Ferdinand Ravet, aujourd'hui membre du Conseil municipal de Bourg, qui avait déjà subi deux incarcérations, lors de la réaction de 1849 et 1850, fut arrêté après le Coup d'Etat, traîné à la prison de Roanne, à Lyon, relaxé après un mois de

---

(1) La Commission mixte du Var prononça 2,945 décisions, dont 718 transportations en Algérie ; celle des Basses-Alpes 1,994, dont 953 transportations.

(2) Ces allégations ne sauraient, on le comprend, être acceptées sans examen. Il est probable que si Maillet avait commis des délits de droit commun, on l'eût traduit devant les tribunaux ordinaires. Une pièce du dossier explique que si Maillet a emporté des minutes, c'était pour faire le recouvrement de frais d'actes à lui dus.

détention, et placé sous la surveillance de la police comme « inculpé de professer les plus dangereuses doctrines. » Il avait « gâté l'esprit public », et, en 1848, poussé le mépris des lois divines et humaines jusqu'à donner lecture en public « des journaux les plus fougueux, du *Bulletin de la République* (1) et autres horreurs de ce genre. » On reconnaissait cependant que « malgré ses mauvaises doctrines », il avait par son énergie, en 1848, préservé du pillage le collège congréganiste de Thoissey, menacé par un rassemblement hostile.

Un habitant de Lhuis, J.-Cl. Blanc, était frappé comme « coupable de propagande socialiste ». En réalité, il colportait des brochures protestantes pour le compte d'une société évangélique de Lyon, qui lui écrivait : « Si, comme je le présume, vous avez pitié de cette multitude d'âmes qui vivent sans Dieu et sans espérance, vous ne voudrez pas vous reposer quand vous saurez que vous pouvez faire du bien à quelques-unes de ces âmes... Ce que nous désirons le plus, c'est de placer les livres saints ; les brochures ne sont que l'accessoire (2). » Le prosélytisme protestant n'était pas plus en faveur que la propagande républicaine. Le libre examen, base et raison d'être du protestantisme, est proche parent du libéralisme politique.

La plupart des autres citoyens frappés étaient coupables « de professer des opinions socialistes, d'avoir proféré des propos séditieux, d'avoir eu des relations avec les représentants montagnards, d'avoir colporté des journaux, d'être des hommes dangereux », etc.

Un décret du 5 mars 1852 rendit exécutoires les déci-

---

(1) Journal semi-officiel du gouvernement provisoire, inspiré par Ledru-Rollin et rédigé en grande partie par Mme George Sand.

(2) Archives de l'Ain.

sions prises par les Commissions mixtes, et disposa que tout individu expulsé ou éloigné momentanément du territoire, qui serait rentré en France sans autorisation, pourrait être, par mesure administrative, transporté en Algérie ou à la Guyane française.

Plus tard enfin, trois commissaires extraordinaires furent chargés de parcourir les départements et de « réviser les condamnations prononcées par les Commissions mixtes ». C'étaient le général Canrobert, le colonel Espinasse et le conseiller d'Etat Quentin-Bauchart. Ce dernier vint à Bourg, le 25 avril. Deux condamnés à la transportation à Lambessa et deux condamnés à l'expulsion virent leur peine commuée en celle de la surveillance de la police ou de l'internement.

Les individus qui furent l'objet de mesures de clémence durent signer la déclaration suivante : « Je soussigné
« déclare sur l'honneur accepter avec reconnaissance la
« grâce qui m'est faite par le prince Louis-Napoléon, et
« m'engage à ne plus faire partie des sociétés secrètes, à
« respecter les lois et à être fidèle au gouvernement que
« le pays s'est donné par le vote des 20 et 21 décembre
« 1851. » On n'achetait sa grâce qu'au prix d'une abjuration.

— Le lendemain du jour où la Commission mixte avait clos le cours de ses opérations, le peuple français procédait à l'élection de ses députés au Corps législatif dont Louis-Napoléon avait bien voulu le gratifier par sa constitution du 14 janvier. Les trois candidats officiels (Vincent de Lormet, de Jonage et Bodin) furent élus sans concurrents. M. Chevrier-Corcelles, président-honoraire du Tribunal, ancien député, monarchiste constitutionnel, homme universellement estimé, avait posé sa candidature. La préfecture le menaça, s'il persistait, de révoquer tous ses amis occupant des fonctions publiques. M. Chevrier-Corcelles se désista par une lettre fort digne, insérée au *Courrier de l'Ain* du 28 février, dans laquelle il exprime la perte de ses illusions à l'égard du gouvernement nouveau.

Notons cependant que la ville de Bourg donna spontanément 535 voix (1) à l'avocat républicain Bochard, ex-membre de la Constituante et de la Législative. Le parti républicain n'était donc pas tout-à-fait mort ici.

Quelque temps après, trois conseillers municipaux refusèrent le serment prescrit. C'étaient les ex-représentants Bochard et Charassin et M. Dusserre, négociant. Ils furent considérés comme démissionnaires.

— On aurait une idée fort incomplète de ce que fut chez nous la réaction qui suivit le 2 Décembre, si l'on ne considérait que l'œuvre de la Commission mixte. Il faut, en effet, prendre garde à la multiplicité des juridictions qui connurent de faits souvent identiques : tribunaux correctionnels, commissions militaires, commissions mixtes et conseils de guerre. Nous manquons de renseignements sur la commission militaire et la commission mixte de Lyon, qui jugèrent plusieurs habitants du département de l'Ain. Un Lyonnais qui voudrait bien faire pour le Rhône ce que nous faisons pour l'Ain fournirait à l'histoire d'utiles renseignements.

Ce furent les conseils de guerre qui connurent des affaires de Villars et d'Anglefort.

Les accusés de Villars, au nombre de 57(2), tant détenus que fugitifs, furent jugés par le 1er Conseil de guerre de la 6me division militaire, présidé par le lieutenant-colonel

---

(1) Le candidat officiel, Vincent de Lormet, en eut 661.
(2) Un autre document dit 62.

Boulaber, du 3me régiment de cuirassiers. Les débats furent longs, à cause du nombre des inculpés. La question de la légitimité du soulèvement ne fut pas abordée et ne pouvait pas l'être. Un Coup d'Etat victorieux ne se laisse pas discuter, et les avocats eussent pris place au banc des accusés avant d'avoir pu convaincre les juges militaires. Le jugement fut rendu le 17 juin 1852. Six accusés furent condamnés à la déportation dans une enceinte fortifiée, 8 à la déportation simple, 17 à une détention variant de 5 à 15 ans, et 13 à un emprisonnement variant de 6 mois à 3 ans. Les autres furent acquittés. Les condamnés étant tenus solidairement des dépens du procès criminel, l'un d'eux particulièrement solvable fut poursuivi pour la totalité des frais et eut à payer, dit-on, près de 10,000 fr.

Le jugement de l'affaire d'Anglefort donna lieu à plus de péripéties. Trois des acteurs de la scène du 5 décembre avaient été arrêtés : Charlet, Champin et Pothier. Ils comparurent devant le 1er Conseil de guerre, présidé par le lieutenant-colonel Revon, du 2me dragons. Il y avait avec eux le patron de bateaux de Seyssel, qui avait dû leur fournir une barque. Le principal accusé, Charlet, celui que Guichard mourant avait désigné comme son meurtrier, se défendit d'être l'auteur de la mort du douanier. Le coup mortel avait été porté, disait-il, par un cinquième compagnon dont il ne donna le nom qu'au prêtre qui l'assista à ses derniers moments. On contesta l'existence de ce cinquième personnage qui s'appelait Veuillace. Cependant les douaniers avaient vu au moins cinq individus. Le 28 janvier, le Conseil rendit un jugement qui prononçait la peine de mort par contumace contre l'accusé Perrier fugitif (probablement noyé dans le Rhône), celle des travaux forcés à perpétuité contre Charlet et Champin, et celle de vingt années de la même peine contre Pothier. Le patron de bateau était acquitté.

Tout semblait fini. Il n'en fut rien. Le commissaire du gouvernement, capitaine Merle, se pourvut en révision contre cette sentence, pour diverses irrégularités et notamment parce que le Conseil avait omis de prononcer contre Pothier, sous-officier du 13me de ligne, la peine de la dégradation militaire.

Le pourvoi fut accueilli, le premier jugement annulé et le procès recommença devant le 2me Conseil de guerre, présidé par le colonel Ambert, du 2me dragons. Le 19 mars 1852, *les trois accusés furent condamnés à mort.* Un vice de forme dans la procédure allait-il donc leur coûter la vie ? Ils formèrent à leur tour un pourvoi en révision. On les amena à s'en désister en leur faisant espérer leur grâce. La peine de Champin et de Pothier fut en effet commuée en celle des travaux forcés à perpétuité. Celle de Charlet fut maintenue.

Outre ces deux affaires, les Conseils de guerre de Lyon eurent à statuer sur diverses poursuites se rattachant aux événements de Décembre. Voici, d'après des renseignements puisés dans le *Courrier de l'Ain* et certainement incomplets, le relevé total de leurs décisions :

Condamnations à mort		4
—	à la déportation dans une enceinte fortifiée	6
—	à la déportation simple	8
—	à la détention	18
—	au bannissement	1
—	à l'emprisonnement	21
	Total des condamnations	58
Acquittements		15
	Total	73

Si l'on ajoute ce chiffre aux 66 décisions de la Commission mixte, on voit que le nombre des poursuites pour le département de l'Ain a été de 139. Il est certain que ce chiffre est au-dessous de la réalité. On relève dans les rapports de la gendarmerie, qui sont aux Archives, plus de 160 arrestations, pour les quatre mois qui ont suivi le Coup d'Etat (1).

Les plus heureux en étaient quittes pour une détention préventive, qui ne fut presque jamais inférieure à deux mois. Qu'on calcule la somme de souffrances, de ruines morales et matérielles que cela représente pour les familles qui étaient frappées !

— L'exécution de Charlet fournit à ce récit un lugubre épilogue. Comme ses deux camarades il s'était désisté de son pourvoi en révision, dans l'espoir d'obtenir une commutation de peine. Elle lui fut refusée. Il fallait à M. Bonaparte une exécution capitale, six mois après le triomphe incontesté de son crime de lèse-nation.

Charlet resta 100 jours entiers sous le coup de la condamnation à mort qui le frappait. Enfin, il fut transféré à Belley, lieu fixé pour l'exécution. Il rencontra là un jeune prêtre de 25 ans, l'abbé Marchal, alors dans toute l'ardeur de sa foi, plein de l'esprit de l'Evangile, ennemi de toutes les tyrannies spirituelles ou temporelles, rêvant l'accord du catholicisme et de la liberté, et qui depuis, guéri de ces décevantes illusions, a rompu avec Rome. Charlet était protestant. L'abbé Marchal entreprit de le convertir : il y réussit. Charlet avait trouvé dans ce prêtre un républicain détestant comme lui le criminel du 2 décembre : cette communauté de sentiments les unit. Au bout de quelques

---

(1) De 1848 à 1854 il y eut 121 habitants de l'Ain jugés par les Conseils de guerre de Lyon. (Archives.)

heures, le missionnaire et son premier pénitent s'aimaient comme des frères. Ils passèrent ensemble la nuit qui précéda le supplice. Il faut lire le touchant récit de la conversion et de la mort de Charlet que M. Marchal a publié sous le titre de : *Les vingt dernières heures d'un condamné*, récit reproduit en partie dans la si attachante autobiographie qu'il a intitulée : *Souvenirs d'un missionnaire*. Charlet reçut les sacrements, puis on causa longuement. Il raconta son histoire.

Charlet était un grand et beau jeune homme de 29 ans, plein d'ardeur et d'enthousiasme, qui avait acquis par ses lectures une demi-instruction. Il avait eu l'existence la plus aventureuse et avait habité successivement l'Angleterre, la Suisse, la France. Il s'était laissé entraîner dans la funeste insurrection de Juin 1848, si perfidement provoquée par la dissolution brutale et intempestive des ateliers nationaux. Echappé aux Conseils de guerre, il s'était réfugié à Genève où il vivait avec sa mère. A la nouvelle du Coup d'Etat, répondant à l'appel de Baudin, il était accouru à la défense de la République. On sait le reste.

La nuit entière se passa en entretiens intimes, familiers, fraternels. Le jeune prêtre s'était pris à aimer de toute son âme cet infortuné qui était sa conquête.

« Vers trois heures du matin, nous dit l'abbé Marchal, le geôlier apporta une bouteille de bon vin pour donner du courage à la victime. Il n'y avait qu'un verre. — « Appor-
» tez un autre verre, s'écria le condamné, je veux que mon
» père, mon ami, trinque avec moi. — Inutile d'apporter
» un autre verre, mon ami, nous boirons dans le même,
» ce sera la coupe de la fraternité ! » Il me contraignit à boire le premier. « Je bois, lui dis-je, en l'honneur des
» anges qui s'apprêtent à vous recevoir dans leurs rangs,

» comme un frère. — Et moi, je bois, s'écria-t-il, à la
» santé de tous ceux qui abhorrent les tyrans ! »

» Je le calmai de mon mieux en dirigeant toutes ses pensées vers le ciel. Il me pria de lui couper une touffe de ses beaux cheveux pour l'envoyer à sa mère et me confia comme souvenirs quelques petits objets, tels que sa pipe et son peigne. A quatre heures, on vint le chercher pour lui faire la toilette suprême. A cinq heures précises, nous montions les degrés de l'échafaud (1). »

C'était le 29 juin 1852. La ville de Belley, qui depuis 20 ans n'avait pas vu d'exécution capitale, put contempler l'instrument de mort dressé sur la place des Terreaux. Une foule immense, évaluée à 10,000 personnes, était accourue des campagnes voisines.

Charlet eut jusqu'au dernier moment la plus ferme attitude. Il se rendit à pied, accompagné de son confesseur, de la prison à l'échafaud, fendant la foule pressée sur son passage, et gravit sans trembler les marches de la guillotine.

« Quand je lui fis baiser pour la première fois le crucifix, continue l'abbé Marchal, il murmura : « A la bonne heure !
» Celui-là est mort pour nous et n'a jamais fait mourir
» personne. Il nous a apporté la liberté, et cette liberté
» les tyrans l'étouffent. — Vous oubliez, mon ami, que
» Jésus est mort en priant pour ses bourreaux, et nous
» sommes au moment suprême. — C'est vrai, dit-il, et je
» vous remercie de m'en faire souvenir. Puisse le bon Dieu
» me pardonner comme je pardonne à ceux qui veulent
» ma tête ! » Puis se tournant vers la multitude : « Frères,
» adieu ! Puisse à jamais mon sang effacer l'échafaud ! »

---

(1) *Souvenirs d'un Missionnaire*, par l'abbé Marchal, p. 59.

Ce furent ses dernières paroles. Son confesseur lui avait fait promettre de ne pas crier : Vive la République !

Quelques secondes après sa tête roulait dans le fatal panier, et la foule se dissipait profondément émue par cet affreux spectacle d'un jeune homme plein de bravoure mourant sur l'échafaud pour n'avoir pas voulu désespérer de la République.

VI.

CONCLUSION.

L'impression qui se dégage de cette rapide étude est, nous le sentons vivement, une impression de tristesse. Les quatre années qui s'écoulent du 24 février 1848 au 2 décembre 1851 nous offrent le spectacle d'une société surprise par une crise politique et sociale, qu'elle n'a su ni prévoir, ni prévenir. D'abord frappée de stupeur, cette société cherche à s'accommoder d'une forme de gouvernement qu'elle a tenue jusque-là pour suspecte ; mais effrayée bientôt par le désordre de la rue et le déchaînement des revendications socialistes, elle perd tout sang-froid et réclame à grands cris l'ordre et la sécurité, prête à payer ces biens du prix qu'on exigera. Louis Bonaparte les lui promit, moyennant l'abandon d'elle-même : le marché fut conclu. Affligeant spectacle, mais instructif !

Plusieurs causes ont amené la chute de la seconde République. On vient de montrer le crime qui l'a tuée ; il reste à indiquer ce qui a pu rendre ce crime possible.

Avant tout, il faut noter l'agitation socialiste qui suivit

la révolution de Février. Ce fut un malheur pour la République de 1848 que son avènement coïncidât avec l'explosion des doctrines socialistes, et que cette révolution politique se compliquât d'une agitation sociale. Les réformateurs (1), habiles à faire la critique des économistes et le tableau des misères et des vices de la société actuelle, impuissants à indiquer un remède efficace et pratique aux maux qu'ils excellaient à peindre, allumèrent par leurs prédications les convoitises des classes déshéritées et mirent en alarme tous les intérêts.

La fondation de la République en France était une tâche assez ardue pour absorber les forces des vaillants citoyens qui l'avaient entreprise ; bien téméraires étaient ceux qui chaque matin sommaient le gouvernement provisoire de résoudre la *question sociale*. L'étude des questions économiques, l'application des réformes tendant à améliorer le sort des classes laborieuses exigent un temps calme et un gouvernement stable. Ce n'est pas dans la tourmente de Février que pouvaient être étudiés et résolus ces difficiles problèmes. Toute cette agitation inopportune jeta l'inquiétude dans les esprits. Plus d'un trembla pour la sécurité de sa personne et de ses biens ; le fantôme du *partageux* hanta l'imagination du bourgeois et du propriétaire rural. Aux terreurs sincères se joignirent les terreurs feintes. Ce n'étaient pas les moins bruyantes.

A côté de ces dangereux théoriciens, les agitateurs, les chefs d'émeute (2), par leur continuel appel à la force, préparèrent d'une autre façon le triomphe de la force. Le 15 Mai a servi le 2 Décembre.

---

(1) Les Proudhon, les Cabet, les L. Blanc, les Pierre Leroux, etc.
(2) Les Barbès, les Blanqui, les Raspail, les Sobrier, etc.

D'autre part, les auteurs de la Constitution (on l'a dit en commençant, il faut le répéter ici), créèrent un Président qui représentait le peuple au même titre que l'Assemblée : c'était constituer un dualisme plein de périls qui devait avoir infailliblement ses conséquences tôt ou tard. « Ceci tuera cela », dirait Hugo.

L'élection d'un Bonaparte à la présidence de la République, le triomphe d'une majorité monarchiste aux élections législatives de mai 1849, l'épouvantable réaction qui suivit le 13 juin, particulièrement chez nous, sont autant d'étapes vers le Coup d'Etat.

Enfin, il est permis de douter que le parti républicain fût alors, pris dans son ensemble, un parti de gouvernement. On se plaît à rendre ici hommage à sa sincérité, à son désintéressement, à son courage; mais on ne peut s'empêcher de déplorer son goût pour les théories absolues et les utopies, ses divisions, son manque de clairvoyance et d'esprit politique. Ils étaient rares, à cette époque (quoiqu'il y en eût cependant) les républicains capables de comprendre qu'on ne transforme pas en un jour, avec quelques décrets, une nation vieille de quatorze siècles ; que la politique est une science qui a ses règles et ses lois ; que le programme le plus vaste et le plus radical n'exclut dans son application ni l'habileté, ni la prudence. C'était, on l'a dit justement, l'âge héroïque du parti républicain !

Puisse l'exemple de nos pères nous être un enseignement ! Puisse la vue des fautes qu'ils ont commises nous empêcher d'y tomber à notre tour ! Mais en les jugeant en pleine indépendance, ne soyons pas ingrats pour ceux qui ont combattu le bon combat, et nous ont, au prix de tant d'efforts, préparé des jours meilleurs.

La République de 1848 n'a pas été stérile : elle a laissé

des conquêtes durables dont nous recueillons les fruits. Sans parler de l'abolition de l'esclavage aux colonies, elle nous a dotés (un peu prématurément, le second Empire l'a montré) du suffrage universel, en soi le mode de manifestation et d'exercice à la fois le plus simple et le plus parfait de la souveraineté nationale, l'instrument par excellence de la lutte légale et pacifique, l'arme qui, comme la lance d'Achille, sait guérir les blessures qu'elle a faites. Si le suffrage universel a montré à ses débuts l'inexpérience d'un enfant qui sort des langes ou d'un esclave qu'on vient d'affranchir, il a depuis atteint sa virilité. Instruit par de dures épreuves, il ne séparera plus désormais, dans son attachement, ces deux biens également nécessaires à une nation civilisée : l'ordre et la liberté. Il trouvera dans la République parlementaire la forme de gouvernement la plus propre à lui garantir ces bienfaits et à réaliser les dernières conséquences de la Révolution de 1789, par l'organisation d'une démocratie pacifique, ordonnée, libérale et progressive.

ERRATA.

Page 12. — Des trois individus condamnés avant Décembre, pour organisation de sociétés secrètes, Chadal et Lescuyer peuvent seuls être considérés comme des chefs. Le troisième, humble comparse, n'avait dans son parti même ni influence, ni considération.

Page 16. — C'est chez le docteur Tiersot que se tenaient habituellement les réunions républicaines ; mais il y en avait aussi dans une maison de la rue Bourgmayer, portant actuellement le n° 18, chez un sieur P... C'est dans la cave de ce dernier qu'avaient été entreposées, non pas des armes, mais quelques centaines de cartouches qu'on fit disparaître après Décembre. — Au pré des Piles, M. V... seul était armé d'un mousqueton.

APPENDICE

Liste des personnes jugées par la Commission mixte.

Condamnés a la transportation a Cayenne.

Dubois (Jean-Baptiste), 42 ans, voiturier à Bâgé.
Rollet (Benoît), 52 ans, journalier à St-Trivier-sur-Moignans.

Condamnés a la transportation a Lambessa.

Maillet (Emile), notaire à Bâgé (fugitif).
Nillon (Joseph), cordonnier id. (id.)
Niermont (François), 36 ans, charpentier à Bâgé.
Denisson (Joseph), 35 ans, menuisier id.
Clairet (Jean-François), marchand id. (fugitif).
Gonod (François), 35 ans, marchand-cloutier à Bâgé.
Ferry (Pierre), cabaretier et tisserand id.
Baudier (Claude), 40 ans, sans profession id.
Wenger (Barthélemy), tailleur id.
Dubuis dit Colosse, tisserand id. (fugitif).
Dubois (Alphonse), 21 ans, clerc de notaire id. (peine commuée en surveillance).
Guérin, de Bâgé-le-Châtel (fugitif).
Burtin, de Pont-de-Veyle (id).

Dufour (Claude), aîné, menuisier à Pont-de-Vaux (fugitif).
Dufour (Claude-Marie), id. id. (id).
Vallet (Joseph), charpentier id. (id).
Pizerat, 45 ans, plâtrier à Mâcon (gracié).
Vuitton (Victor), dit Martin, 33 ans, ferblantier à Pont-d'Ain.
Jetton (Bernard), 40 ans, tailleur de pierres à Trévoux.
Chastel (Philibert), 33 ans, id. à Ceyzériat (fugitif).

Condamnés a l'expulsion.

Dufour (Denis), 28 ans, plâtrier à Pont-de-Vaux (5 ans).
Vallet (Philibert), cadet, 30 ans, tisserand id. (id).
Chapel (Louis-Alphonse), 23 ans, ouvrier en peignes à Oyonnax.
Lépine (Jean-François), 58 ans, propriétaire à Challex (10 ans) (peine commuée en internement à Nancy).
Moreaux (Francisque) dit Saint-Jean, 22 ans, charpentier à Bâgé (5 ans) (peine commuée en surveillance).
Perraud (André), tailleur d'habits à Miribel (fugitif).
Nique (Joseph), 40 ans, fabricant de velours à Neyron.
Zine (Joseph), 38 ans, plâtrier à Belley (Piémontais).

Placés sous la surveillance du ministère de la police générale.

Ravet (Charles-Marie-Ferdinand), 44 ans, pharmacien à Thoissey.
Giboz, ex-employé des Contributions indirectes id.
Berger (Antoine-Joseph), 63 ans, ex-greffier de la justice de paix id.
Sevoz (Joseph), 46 ans, cultivateur à Ambronay.
Perrin (Henry), 29 ans, id. id.
Guigard (Anthelme), 53 ans, propriétaire-cultivateur à Lhuis.
Blanc (Jean-Claude), 43 ans, cordonnier id.
Guy (César), 21 ans, propriétaire à Hauteville.
Millet (Charles-Joseph), 28 ans, avocat à Nantua.
Thion dit Chastel, scieur de long à Bourg (fugitif.)
Pierreclos (Claude-Marie), 29 ans, maréchal-ferrant à Bâgé.
Gramusset (César), 25 ans, cultivateur à Prémilliéu (gracié.)
Decourt, propriétaire-cultivateur à Etrez (élève de Grignon.)
Borron (André), propriétaire-cultivateur à Thézillieu.

Renvoyés en police correctionnelle.

Maire dit Bernard (Joseph), 41 ans, cultivateur à Echallon. (Outrages à un maire et à un brigadier forestier, 40 jours de prison.)
Jacquemet (Louis-Joseph), 32 ans, cultivateur à Pouilly-St-Genis. (Injures envers le général Castellane, 10 jours de prison.)
Parriaud (J.-B.), de Reyssouze.
Fleur.

Mis en liberté après deux mois au moins d'incarcération.

Dubost (Maurice), 37 ans, serrurier-forgeron à Bâgé.
Jomin (Aimé), 44 ans, forgeron   id.
Jomin (Antonin), 46 ans, charron   id.
Mome (Jean-Marie), 20 ans, tisserand   id.
Larollière (Gabriel) dit Liote, 48 ans, charpentier id.
Fenillet (Pierre), 21 ans,   id.
Jullin (Jean), 36 ans, cultivateur   id.
Gervais (Claude) dit le Borgne ou Trois-Yeux, 36 ans, manœuvre id.
Bourrandi (Philibert), 20 ans, charpentier   id.
Scott (Alphonse), 22 ans, tailleur de pierres id.
Kusner (Marie-François), 36 ans, serrurier à Nantua.
Hugonnet (François), 37 ans, cordonnier   id.
Chevalier (François), 33 ans, forgeron   id.
Christophe (Claude), 20 ans, ouvrier en sangles à Montluel.
Borel (Henry), 20 ans, imprimeur sur étoffes   id.
Meunier (Alexandre), 24 ans, ouvrier en soies id.
Charlin (Benoît), 25 ans, ex-employé à la Sous-préfecture de Belley.
Rabuel (Jean-Philibert), 32 ans, maître-charpentier à Ceyzériat.

www.ingramcontent.com/pod-product-compliance
Lightning Source LLC
LaVergne TN
LVHW022114080426
835511LV00007B/817